I0791684

DES ÉMOTIONS AUX CHOIX : COMMENT ÉDUCER LES ENFANTS À VIVRE DES RELATIONS ÉQUILIBRÉES EN TANT QU'ADULTES

LUMINALIBRIA

Copyright © 2024 LUMINALIBRIA

Tous droits réservés

DÉDICACE

À tous les parents et éducateurs qui s'engagent chaque jour à guider les plus petits à travers le voyage de la croissance : que ce livre puisse être une boussole pour naviguer dans la mer des émotions et des relations. Avec affection et espoir, que vous puissiez trouver dans ces pages la clé pour ouvrir un avenir de relations saines et aimantes pour vos enfants.

LUMINALIBRIA

INDEX

INTRODUCTION : LE LIEN ENTRE L'ÉDUCATION ÉMOTIONNELLE ET LES RELATIONS ABUSIVES

PANORAMA ACTUEL DES RELATIONS ABUSIVES

STATISTIQUES ET EXEMPLES DES FORMES D'ABUS ET DE MANIPULATION

Dans un monde où les dynamiques interpersonnelles deviennent de plus en plus complexes, le phénomène des relations abusives représente un défi social et psychologique d'impact significatif. L'abus peut se manifester sous de multiples formes, allant de l'abus physique et émotionnel à l'abus psychologique et manipulateur plus insidieux. Chaque type d'abus laisse des marques profondes, non seulement sur les victimes mais aussi sur l'ensemble du tissu social, influençant les générations futures et les structures de soutien communautaire.

L'abus physique est souvent le plus visible, avec des signes tangibles et des cicatrices évidentes, mais les blessures émotionnelles et psychologiques peuvent être tout aussi dévastatrices, voire plus. Ces abus moins évidents peuvent se dérouler dans un contexte de silence et d'isolement, rendant difficile pour les victimes d'obtenir du soutien et de la reconnaissance. De plus, l'abus manipulateur peut altérer la perception de la réalité de la victime, la faisant douter de ses propres sensations et décisions, un effet particulièrement paralysant qui complique l'évasion de telles relations.

La compréhension de ce panorama nécessite une approche qui non seulement quantifie le phénomène à travers les statistiques, mais qui examine également les racines et les expressions de ce comportement. Il est fondamental d'explorer les causes sous-jacentes qui poussent les individus à exercer pouvoir et contrôle sur autrui de manière si destructrice. Cela implique de prendre en compte une variété de facteurs, notamment culturels, éducatifs, économiques et psychologiques.

En particulier, il est essentiel de comprendre comment certaines normes sociales et attentes de genre contribuent à perpétuer des cycles d'abus, influençant à la fois les actions des abuseurs et les réactions des victimes. Ce n'est qu'à travers une analyse approfondie et multidisciplinaire que l'on peut espérer développer des stratégies efficaces de prévention et d'intervention qui puissent réellement réduire la prévalence de ces comportements nuisibles et soutenir adéquatement ceux qui en ont été victimes.

Statistiques sur l'abus

Selon les données recueillies par des organismes internationaux tels que l'Organisation mondiale de la santé, on estime qu'environ 1 femme sur 3 (35%) dans le monde a été victime de violences physiques et/ou sexuelles de la part d'un partenaire intime ou de violences sexuelles de la part de quelqu'un qui n'est pas son partenaire. Bien que l'attention médiatique se concentre souvent sur les femmes, les hommes subissent également des formes d'abus dans des proportions significatives, bien que moins documentées. Les abus envers les enfants sont tout aussi préoccupants, avec des estimations indiquant que jusqu'à 20% des femmes et 8% des hommes ont été victimes d'abus sexuels pendant leur enfance.

Exemples de formes d'abus et de manipulation

L'abus physique, avec ses conséquences immédiates et visibles, représente l'une des manifestations les plus évidentes de la violence dans les relations interpersonnelles. Cet abus se caractérise par des actes pouvant causer une douleur physique directe, tels que des poussées, des gifles, des coups de poing ou des actes plus graves comme des agressions avec des armes. Ces actions, en plus de causer des dommages physiques, visent à instaurer un climat de peur et de soumission qui peut avoir des répercussions profondes sur le bien-être psychologique de la victime.

Outre la violence physique, l'abus émotionnel joue un rôle crucial dans les dynamiques abusives. Ce type d'abus, moins évident mais extrêmement nocif, comprend une gamme de comportements qui sapent l'estime de soi de la victime et déstabilisent son équilibre émotionnel. Les abuseurs peuvent utiliser le mépris, l'ironie, l'humiliation publique ou privée, et le silence punitif comme moyens d'éroder la confiance en soi de leurs victimes et d'accroître leur dépendance émotionnelle. L'isolement social est une autre tactique courante, où l'abusif éloigne systématiquement la victime de ses amis et de ses soutiens familiaux, la confinant dans un cercle restreint et étouffant qui facilite le contrôle total sur sa vie.

La manipulation psychologique, souvent complexe et dissimulée, représente un défi notable tant pour les victimes que pour les professionnels cherchant à fournir un soutien. Le gaslighting, l'une des formes les plus insidieuses de cette manipulation, voit l'abusif nier la réalité de la victime, la confondant et la désorientant à tel point qu'elle remet en question sa propre santé mentale. Cela peut amener les victimes à ne pas faire confiance à leurs propres expériences ou souvenirs, les rendant moins enclines à demander de l'aide ou à résister aux abus. De plus, l'utilisation de la culpabilité et de la honte sont des outils de manipulation puissants : en faisant sentir à la victime qu'elle est coupable des abus subis ou en la honte pour les conséquences de ces abus, l'abusif peut renforcer un lien toxique et dépendant, rendant extrêmement difficile la rupture du cycle de l'abus.

Reconnaître ces signaux et comprendre les dynamiques de l'abus sous toutes ses formes est fondamental pour développer des interventions efficaces et soutenir les victimes dans leur cheminement vers la libération et la reconstruction de leur vie.

Implications de l'éducation émotionnelle

Le lien entre une éducation émotionnelle insuffisante et le développement de relations abusives est significatif. Souvent, les personnes qui n'ont pas eu la possibilité de développer une pleine conscience de leurs émotions ou d'apprendre à gérer efficacement les relations interpersonnelles peuvent se trouver vulnérables aux abus. Ce manque peut conduire à des difficultés à reconnaître les signaux de danger dans les dynamiques relationnelles ou à tolérer des comportements qui seraient autrement inacceptables.

Le manque d'éducation émotionnelle peut se manifester de différentes manières, influençant négativement la capacité d'un individu à établir des limites saines et à maintenir des relations équilibrées. Sans une compréhension adéquate de leurs propres émotions et de leur impact sur le comportement, les individus peuvent se retrouver à reproduire des schémas de comportement dysfonctionnels appris dans leur jeunesse, ou à interpréter de manière erronée les émotions des autres, entraînant des réactions excessives ou inappropriées.

L'éducation émotionnelle offre des outils pour comprendre et réguler ses propres émotions et pour interpréter et répondre de manière appropriée à celles des autres. Apprendre à gérer ses émotions aide non seulement à développer une stabilité interne accrue mais aussi à construire des relations interpersonnelles plus saines. Grâce à l'éducation émotionnelle, les individus apprennent à identifier leurs sentiments, à exprimer ouvertement et respectueusement leurs émotions et à gérer les tensions interpersonnelles avec plus de maturité et de conscience.

Dans ce contexte, l'éducation émotionnelle devient un moyen essentiel non seulement de prévenir les relations abusives mais aussi de promouvoir des relations saines et favorables. Les individus formés émotionnellement sont mieux équipés pour reconnaître et s'éloigner des abus potentiels, et pour construire des liens basés sur le respect, la compréhension et le soutien mutuel. Ils sont également plus capables de contribuer à un environnement familial et social plus sain, en servant de modèles positifs pour les générations futures.

Promouvoir l'éducation émotionnelle signifie donc investir dans le bien-être individuel et collectif, renforçant la structure sociale avec des individus qui comprennent non seulement mieux et gèrent leurs propres émotions, mais qui sont aussi capables d'établir des relations interpersonnelles plus enrichissantes et moins conflictuelles.

Appel à l'action

En réponse à ce panorama, il est fondamental de lancer un appel à l'action adressé aux parents, aux éducateurs et aux décideurs politiques pour intégrer l'éducation émotionnelle comme pilier fondamental dans les programmes scolaires et les programmes d'éducation parentale. Investir dans l'éducation émotionnelle signifie construire une société plus résiliente, où les relations abusives peuvent être prévenues grâce à la conscience, à l'empathie et au respect mutuel.

À travers ces pages, nous explorerons comment une solide éducation émotionnelle peut non seulement prévenir les relations abusives, mais aussi enrichir profondément la vie sociale et affective des individus, en leur fournissant les compétences nécessaires pour naviguer dans le monde complexe des relations humaines.

Lacunes dans l'éducation émotionnelle

Discussion sur les lacunes éducatives et les attentes de genre

Certes, nous examinerons plus en détail les implications des lacunes dans l'éducation émotionnelle, en nous concentrant notamment sur les attentes de genre qui influencent cet aspect crucial du développement humain.

Les attentes de genre imposent souvent une série de normes rigides sur la manière dont les hommes et les femmes devraient exprimer leurs émotions. Ces normes sont enracinées dans les traditions culturelles et sont perpétuées à travers la socialisation dans les familles, les écoles et les médias. Par exemple, il est traditionnellement attendu des hommes qu'ils se montrent forts et insensibles face à la douleur ou à la difficulté, une attitude qui peut conduire à la répression des émotions perçues comme des signes de faiblesse, comme la tristesse ou la peur. Cela empêche les hommes de développer une compréhension profonde de leurs propres états émotionnels et limite leur capacité à rechercher du soutien lorsque cela est nécessaire.

De même, bien que les femmes puissent être encouragées à exprimer plus librement leurs émotions, cela se produit souvent dans un contexte qui les étiquette comme étant excessivement émotives ou irrationnelles lorsqu'elles montrent de la colère ou de la frustration, des émotions qui dans des contextes professionnels ou de prise de décision sont souvent considérées comme inappropriées si elles sont manifestées par des figures féminines. Cette disparité non seulement perpétue les stéréotypes de genre mais crée également un environnement où les émotions féminines sont dévalorisées ou moins appréciées que celles des hommes.

L'impact de ces attentes de genre est profond et s'étend bien au-delà de la sphère personnelle, influençant les dynamiques relationnelles et professionnelles. Les femmes peuvent se trouver désavantagées dans des environnements de travail où la détermination et l'assertivité sont récompensées, tandis que les hommes peuvent se sentir émotionnellement isolés, ce qui entraîne une plus grande incidence de comportements autodestructeurs ou abusifs.

Pour combattre efficacement ces dynamiques nocives, il est essentiel d'intégrer l'éducation émotionnelle dans les programmes scolaires dès le plus jeune âge, en promouvant un modèle d'expression émotionnelle qui soit à la fois sain et équitable, indépendamment du genre. Une approche équilibrée de l'éducation émotionnelle devrait encourager tous les individus à explorer, reconnaître et accepter la gamme complète de leurs émotions sans craindre le jugement ou la stigmatisation.

Les éducateurs et les formateurs ont le devoir de créer des environnements sûrs où les jeunes peuvent apprendre comment les émotions influencent leur comportement et comment les gérer de manière constructive. Cela implique l'utilisation de matériel pédagogique qui remet en question les stéréotypes de genre et fournit des exemples positifs d'hommes et de femmes qui gèrent leurs émotions de manière efficace et saine.

En conclusion, surmonter les lacunes dans l'éducation émotionnelle nécessite un changement culturel qui valorise l'intelligence émotionnelle au-delà des frontières de genre. Ce n'est qu'ainsi que nous pouvons espérer développer une société plus juste et compréhensive, où les relations personnelles et professionnelles sont construites sur une compréhension authentique et un respect mutuel des émotions.

IMPACT DU MANQUE D'ÉDUCATION ÉMOTIONNELLE SUR LES DEUX SEXES

COMPARAISON DES CONSÉQUENCES SUR LES COMPORTEMENTS RELATIONNELS MASCULINS ET FÉMININS

L'impact du manque d'éducation émotionnelle sur les deux sexes est un sujet d'une grande importance, nécessitant une analyse approfondie pour comprendre comment les lacunes dans ce domaine influent sur les comportements relationnels des hommes et des femmes. Ces différences, enracinées dans des attentes culturelles et éducatives divergentes, peuvent avoir des conséquences significatives sur les dynamiques relationnelles et la santé émotionnelle des individus de tous les genres.

Effets sur la Population Masculine

Le manque d'éducation émotionnelle pour les hommes entraîne non seulement la répression des émotions socialement inacceptables pour le genre, mais crée également des barrières significatives qui empêchent une expression authentique de soi. Ce déficit éducatif est profondément enraciné dans les modèles culturels qui célèbrent un idéal de masculinité basé sur la force, la domination et l'émotivité. Dans ces conditions, de nombreux hommes grandissent en croyant que toute manifestation de vulnérabilité est un signe de faiblesse, une croyance qui peut entraîner de graves conséquences psychologiques et comportementales. La difficulté à exprimer ouvertement la tristesse, la peur ou l'insécurité peut se traduire par une plus grande propension à manifester des émotions socialement "acceptables" pour un homme, comme la colère. Ce déplacement peut entraîner des réponses agressives ou irritables aux conflits, tant dans les relations personnelles que professionnelles, entravant la capacité d'interagir de manière saine et productive avec les autres.

L'accumulation de stress résultant du besoin constant de dissimuler ou de nier ses propres émotions authentiques peut également conduire à des comportements autodestructeurs. Par exemple, l'abus de substances devient un moyen de fuite pour certains hommes qui cherchent à gérer le stress émotionnel sans le soutien approprié. De plus, la tendance à se isoler socialement, une réaction courante chez ceux qui se sentent incapables de se connecter émotionnellement avec les autres, peut encore aggraver le risque de dépression et d'anxiété, isolant l'individu du soutien social qui pourrait atténuer de telles conditions.

Le manque de compétences émotionnelles limite considérablement la capacité des hommes à former ou à maintenir des relations intimes et satisfaisantes. Sans la capacité de communiquer efficacement leurs besoins ou d'écouter ceux des autres, les relations peuvent devenir unilatérales ou conflictuelles. La difficulté à gérer les conflits de manière constructive peut entraîner des cycles de communication négative, où les malentendus et les frustrations non résolus s'accumulent, entraînant souvent la rupture des liens affectifs.

Pour inverser cette tendance, il est essentiel de promouvoir des modèles de masculinité plus flexibles incluant une expression ouverte et saine des émotions. Les programmes d'éducation émotionnelle devraient être conçus pour encourager les hommes à explorer et à accepter leur paysage émotionnel sans crainte de jugement, en leur fournissant des stratégies pour faire face et communiquer leurs émotions de manière à renforcer les relations plutôt qu'à les éroder. Créer des espaces sûrs où les hommes peuvent apprendre et pratiquer ces compétences est essentiel pour construire une société où la santé émotionnelle est une priorité partagée, avec des avantages transversaux pour tous les membres de la communauté.

Effets sur la Population Féminine

Pour les femmes, les conséquences du manque d'éducation émotionnelle se manifestent souvent de manière différente et complexe. Bien qu'il soit généralement plus accepté culturellement que les femmes expriment leurs émotions, cela n'implique pas nécessairement qu'elles reçoivent un soutien adéquat pour les gérer efficacement. Cette disparité peut conduire à ce que l'on appelle une "double peine", où les expressions d'émotions traditionnellement associées à la force, comme la colère ou la frustration, sont souvent perçues comme moins acceptables si elles sont manifestées par des femmes. Ces expressions peuvent rapidement être étiquetées comme irrationnelles ou excessives, un préjugé qui peut marginaliser davantage les femmes dans les contextes à la fois personnels et professionnels.

Sur le plan relationnel, les femmes sont souvent appelées à jouer le rôle de soignantes émotionnelles, une attente qui va au-delà du cadre domestique pour s'infiltrer également dans les milieux de travail et les amitiés. Ce rôle entraîne une responsabilité constante de gérer et de calmer les émotions des autres, souvent au détriment des leurs. Sans une formation adéquate sur la façon de naviguer et de protéger leurs propres ressources émotionnelles, ce fardeau peut conduire à une surcharge émotionnelle, à un état d'épuisement chronique et à la négligence de leurs propres besoins et désirs personnels. Cette dynamique non seulement empêche une vie émotionnellement équilibrée mais mine également la capacité des femmes à poursuivre des objectifs personnels et professionnels.

Le manque d'éducation émotionnelle a également le potentiel de rendre les femmes plus vulnérables à des relations dysfonctionnelles. L'absence de compétences pour reconnaître et gérer des dynamiques émotionnelles complexes peut rendre difficile pour elles d'identifier les signaux de manipulation ou d'abus psychologique. Cette vulnérabilité est aggravée par le stigma culturel contre les femmes qui dénoncent de tels comportements, qui peuvent être dissuadées de chercher de l'aide ou de défier des situations nocives. De plus, si l'éducation émotionnelle ne fournit pas les outils pour une affirmation de soi assertive, les femmes peuvent se retrouver piégées dans des cycles d'abus et de manipulation, avec peu de voies de sortie perceptibles.

Pour aborder ces problèmes, il est essentiel que l'éducation émotionnelle des femmes inclue non seulement les compétences de reconnaissance et de gestion des émotions mais également la formation à la construction de frontières saines et à la négociation efficace de leurs besoins dans toutes les relations. Les programmes d'éducation émotionnelle bien conçus devraient encourager les femmes à explorer et à affirmer leurs propres émotions sans crainte de jugement ou de répulsion, en promouvant une culture de respect et d'égalité qui reconnaît et valorise les expressions émotionnelles de tous les individus, indépendamment du genre.

Conclusion

L'importance d'une éducation émotionnelle solide pour les deux sexes est indéniable et se reflète profondément à la fois dans le bien-être individuel et dans la qualité des interactions sociales. Développer la capacité de comprendre et de gérer ses propres émotions n'est pas seulement un élément fondamental du bien-être personnel ; c'est aussi crucial pour la construction de relations saines, le maintien de communautés solidaires et la promotion d'une société plus équilibrée et juste.

Éduquer les hommes et les femmes à reconnaître, à exprimer et à réguler leurs émotions de manière appropriée et saine est une pratique qui va au-delà de l'amélioration de la qualité de vie individuelle. Elle a un impact positif sur la dynamique des relations familiales, amicales et professionnelles, contribuant à créer un environnement où l'empathie, la compréhension et le soutien mutuel sont la norme, et non l'exception. Ce type d'éducation, s'il est mis en œuvre correctement, peut contribuer à prévenir de nombreux problèmes sociaux graves, notamment la violence domestique, le harcèlement scolaire et la discrimination au travail.

La mise en œuvre de programmes d'éducation émotionnelle tenant compte des différences de genre est particulièrement significative. Reconnaître et respecter ces différences aide non seulement à identifier les besoins et les défis spécifiques liés au genre, mais promeut également une approche plus inclusive et efficace. En rompant les cycles de comportement dysfonctionnel, ces programmes peuvent réduire la perpétuation de stéréotypes nuisibles et favoriser le développement de relations plus équilibrées et satisfaisantes.

En outre, une meilleure compréhension et intégration des émotions dans le tissu social peut avoir un impact significatif sur la santé mentale collective. En réduisant les tabous liés à l'expression émotionnelle et en améliorant les compétences en communication, il est possible de soulager de nombreux troubles psychologiques courants, tels que l'anxiété et la dépression, qui trouvent souvent un terrain fertile dans l'incapacité à gérer des émotions complexes ou à se sentir incompris par les autres.

En fin de compte, l'intégration d'une éducation émotionnelle de qualité dans les systèmes éducatifs, les lieux de travail et les politiques publiques n'est pas seulement souhaitable, mais nécessaire. Avec un investissement adéquat en ressources et en formation, il est possible de viser une société où l'intelligence émotionnelle est valorisée au même titre que les compétences techniques ou intellectuelles, créant ainsi un avenir où chaque individu a la possibilité de mener une vie épanouie et satisfaisante, riche en relations authentiques et en soutien mutuel.

PRÉVENTION PAR L'ÉDUCATION ÉMOTIONNELLE

L'importance de l'éducation émotionnelle en tant qu'outil préventif ne peut être suffisamment soulignée. Une approche bien structurée de l'éducation émotionnelle peut révolutionner les dynamiques interpersonnelles et améliorer significativement la qualité de vie des individus et des communautés. Cette forme d'éducation fournit les bases pour une société plus résiliente, capable non seulement de faire face mais aussi de prévenir une variété de problèmes psychologiques et sociaux.

Fondements de la Prévention

Éduquer émotionnellement signifie avant tout apprendre aux personnes à reconnaître leurs propres émotions et celles des autres. Cette reconnaissance est la première étape cruciale pour développer une série de compétences permettant de gérer efficacement les situations émotionnellement chargées. Les individus qui comprennent leurs réactions émotionnelles sont mieux équipés pour faire face au stress, aux conflits et aux défis, évitant ainsi les réponses impulsives ou dommageables qui peuvent aggraver les tensions ou conduire à des résultats négatifs.

Réduction du Risque de Troubles

Psychologiques

L'éducation émotionnelle est un puissant moyen de dissuasion contre le développement de troubles psychologiques tels que la dépression, l'anxiété et les troubles de stress post-traumatique. En fournissant des stratégies d'adaptation efficaces et en favorisant une meilleure connaissance de soi, les individus peuvent apprendre à moduler leurs réponses émotionnelles et à chercher de l'aide lorsque c'est nécessaire. Ce type de préparation peut réduire de manière significative l'incidence et la gravité de ces troubles, améliorant la santé mentale à un niveau collectif.

Construction de Relations Plus Saines

L'éducation émotionnelle a un impact direct sur la qualité des relations. En enseignant aux individus comment communiquer efficacement leurs sentiments, écouter avec empathie et résoudre les conflits de manière constructive, nous transformons les interactions personnelles et professionnelles. Les relations basées sur une compréhension émotionnelle sont généralement plus satisfaisantes et durables, et moins susceptibles d'être abusives ou dysfonctionnelles. De plus, ces compétences sont essentielles pour instaurer un climat de respect et de compréhension mutuelle dans tous les environnements, de la famille à l'école en passant par le lieu de travail.

Promotion d'un Environnement de Soutien et d'Inclusion

L'intégration de l'éducation émotionnelle dans les programmes scolaires et de formation professionnelle favorise des environnements d'apprentissage et de travail plus inclusifs et soutenants. Un environnement qui valorise et pratique l'intelligence émotionnelle est naturellement plus ouvert à la diversité et mieux équipé pour soutenir les besoins émotionnels de tous ses membres. Ce type d'environnement améliore non seulement le bien-être individuel, mais aussi la productivité et la cohésion du groupe.

Stratégies d'Implémentation Efficaces

Pour garantir que l'éducation émotionnelle soit un outil préventif efficace, il est essentiel qu'elle soit mise en œuvre à travers des stratégies pondérées et basées sur des preuves scientifiques. Les programmes devraient être adaptés aux besoins spécifiques des différentes tranches d'âge et des contextes culturels, et devraient inclure la formation continue des éducateurs. De plus, l'évaluation périodique de l'efficacité des programmes est cruciale pour s'assurer qu'ils restent pertinents et impactants.

En conclusion, l'éducation émotionnelle représente l'une des formes de prévention les plus puissantes disponibles dans la boîte à outils sociale et psychologique moderne. À travers sa pratique et sa promotion, nous pouvons aspirer à construire une société plus consciente, capable et compatissante, où chaque individu est équipé pour faire face à la vie avec une résilience émotionnelle et interpersonnelle.

APPEL À L'ACTION POUR LES PARENTS ET LES ÉDUCATEURS

SUGGESTIONS POUR DES INITIATIVES ET DES PROGRAMMES ÉDUCATIFS

La nécessité d'intégrer l'éducation émotionnelle dans les parcours éducatifs est une priorité qui nécessite l'engagement conjoint des parents et des éducateurs. Pour transformer efficacement les prochaines générations en individus émotionnellement intelligents et résilients, il est crucial de mettre en œuvre une série d'initiatives et de programmes éducatifs bien structurés. Voici quelques suggestions détaillées pour des guides pratiques pouvant être mises en œuvre aussi bien dans les établissements scolaires qu'à la maison.

Initiatives pour les Écoles

1. **Programmes Scolaires Intégrés** : Les écoles devraient intégrer l'éducation émotionnelle dans les programmes scolaires existants comme partie intégrante de l'enseignement formel. Cela peut inclure des leçons dédiées au développement des compétences émotionnelles, des ateliers interactifs et l'utilisation de jeux de rôle pour pratiquer la gestion des émotions dans des scénarios réalistes.

2. **Formation des Enseignants** : Essentielle pour le succès de tout programme d'éducation émotionnelle, la formation des enseignants. Les éducateurs devraient recevoir une formation continue sur les meilleures pratiques pour enseigner l'intelligence émotionnelle, y compris des méthodes pour gérer leurs propres émotions en classe afin de servir de modèles positifs pour les élèves.

3. **Programmes de Counseling entre Pairs** : Mettre en place des programmes de conseil entre pairs où les élèves plus âgés sont formés pour apporter un soutien émotionnel à leurs camarades plus jeunes. Cela aide non seulement les élèves bénéficiaires du soutien, mais développe également les compétences en leadership et en empathie chez les conseillers.

4. **Évaluation Émotionnelle Régulière** : Introduire des évaluations régulières du bien-être émotionnel des élèves pour détecter précocement d'éventuels problèmes et intervenir avec un soutien psychologique lorsque nécessaire.

Initiatives pour les Parents

1. **Ateliers Éducatifs** : Organiser des ateliers pour les parents sur la manière dont ils peuvent soutenir le développement émotionnel de leurs enfants à la maison. Ces ateliers peuvent couvrir des sujets tels

que l'écoute active, la communication non violente et des stratégies pour gérer leur propre stress émotionnel.

2. **Matériel Informatif et Ressources en Ligne** : Fournir aux parents un accès à du matériel informatif et à des ressources en ligne qu'ils peuvent utiliser pour en apprendre davantage sur l'éducation émotionnelle et trouver des stratégies pratiques pour l'appliquer au quotidien.

3. **Groupes de Soutien pour les Parents** : Créer des groupes de soutien où les parents peuvent partager des expériences, des défis et des succès dans la promotion de l'éducation émotionnelle à la maison. Ces groupes peuvent être animés par des professionnels de l'éducation ou de la psychologie.

Initiatives Communes

1. **Événements Communautaires** : Organiser des événements communautaires qui promeuvent l'importance de l'éducation émotionnelle et célèbrent les succès dans ce domaine. Ces événements peuvent inclure des conférences, des activités familiales et des foires éducatives.

2. **Collaborations Inter-Institutionnelles** :

Promouvoir des collaborations entre les écoles, les universités et les centres de recherche pour développer et diffuser de nouvelles techniques d'éducation émotionnelle fondées sur des preuves scientifiques.

3. **Politiques de Soutien** : Travailler avec les décideurs politiques pour garantir que l'éducation émotionnelle soit reconnue et soutenue au niveau législatif et financier.

En mettant en œuvre ces initiatives, les parents et les éducateurs peuvent travailler ensemble pour créer un environnement qui non seulement reconnaît l'importance de l'éducation émotionnelle, mais qui promeut et soutient activement son développement. Grâce à ces actions coordonnées, il est possible de nourrir une génération d'individus capables de naviguer dans le monde avec une conscience émotionnelle, une empathie et une résilience accrues.

CHAPITRE 1: FONDEMENTS DU DÉVELOPPEMENT ÉMOTIONNEL CHEZ LES ENFANTS

PRINCIPALES THÉORIES ET STADES DU DÉVELOPPEMENT ÉMOTIONNEL

Le premier chapitre du livre se consacre à explorer les fondements du développement émotionnel chez les enfants, une phase cruciale qui pose les bases de leur capacité à interagir avec le monde de manière socialement adaptée et psychologiquement saine. En comprenant les principales théories et les stades du développement émotionnel, nous pouvons obtenir des idées précieuses sur la meilleure manière de soutenir la croissance des enfants.

Principales théories du développement émotionnel

1. **Théorie Psychanalytique de Freud** : La Théorie Psychanalytique de Freud offre une perspective profonde et complexe sur le développement émotionnel des enfants, en mettant l'accent sur le rôle crucial des premières relations et des expériences infantiles. Selon Freud, les phases de développement psychosexuel - orale, anale, phallique, de latence et génitale - sont des périodes critiques pendant lesquelles les enfants traversent et résolvent divers conflits qui influencent significativement leur évolution émotionnelle et la

formation de leur personnalité.

Phase Orale (0-1 an) Dans la phase orale, le plaisir de l'enfant est centré autour de la bouche. Mordre, sucer et les activités buccales sont d'une importance primordiale. Pendant cette période, l'enfant développe un sens de confiance et de confort à travers les interactions avec la mère, en particulier l'allaitement. Freud suggérait que les frustrations ou la gratification excessive pendant cette phase pourraient conduire à ce qu'il appelait "l'oralité", manifestée par un optimisme ou un pessimisme excessif à l'âge adulte.

Phase Anale (1-3 ans) Avec le contrôle des sphincters comme nouvelle source de gratification, la phase anale se concentre sur les dynamiques de donner et de prendre, et sur les premières expériences d'autorité et de conflit avec les parents. Les modalités de gestion du contrôle des sphincters par les parents peuvent influencer les habitudes futures de l'enfant en matière de contrôle, d'ordre et de propreté.

Phase Phallique (3-6 ans) Pendant la phase phallique, les enfants commencent à manifester un plus grand intérêt pour les différences entre les sexes et pour leurs propres organes génitaux. C'est la période du célèbre "complexe d'Œdipe", où, selon Freud, les enfants développent un désir inconscient pour le parent du sexe opposé et une rivalité avec le parent du même sexe. La résolution de ces conflits, par l'identification avec le parent du même sexe, est cruciale pour le développement d'une identité de genre saine et des dynamiques interpersonnelles futures.

Phase de Latence (6 ans-puberté) La phase de latence est une période de relative atténuation des pulsions sexuelles. Pendant cette phase, l'énergie de l'enfant est canalisée vers l'apprentissage et le développement des compétences sociales et cognitives. Les amitiés avec les pairs deviennent centrales et sont fondamentales pour le développement des compétences sociales et l'affirmation de soi.

Phase Génitale (puberté et au-delà) La dernière phase, la phase génitale, marque le réveil des pulsions sexuelles avec la puberté et la maturité sexuelle. L'adolescent commence à établir des relations romantiques en dehors de la famille, ce qui, selon Freud, est le signe d'un développement psychosexuel sain et complet. Chacune de ces phases présente des conflits spécifiques que l'enfant doit résoudre pour progresser vers la prochaine étape de développement. Les interactions avec les figures parentales sont d'une importance fondamentale dans ce processus, car les parents sont les premiers médiateurs des expériences émotionnelles et sociales de l'enfant. La capacité des parents à fournir un environnement de soutien, aimant mais aussi stimulant, est essentielle pour un développement émotionnel sain selon le modèle freudien. Les implications de ces dynamiques continuent d'influencer le domaine de la psychanalyse moderne et l'approche thérapeutique des questions liées à l'enfance.

2. **Théorie de l'Attachement de Bowlby** : La Théorie de l'Attachement de John Bowlby a révolutionné la compréhension des liens entre les enfants et leurs aidants, en soulignant l'importance cruciale de ces relations pour le développement psychologique. Selon Bowlby, l'attachement sécurisé formé dans les premières années de vie d'un enfant constitue le pivot du développement d'une santé émotionnelle solide. La nature de ces liens primaires a des implications profondes non seulement pour le bien-être émotionnel, mais aussi pour le comportement social et les relations futures de l'enfant.

Formation de l'Attachement Sécurisé

L'attachement sécurisé se forme lorsque les aidants répondent de manière cohérente et fiable aux besoins de l'enfant. Cette réponse sensible et attentionnée assure à l'enfant que le monde est un endroit sûr et que les figures d'attachement sont fiables, instillant un sentiment de sécurité et de confiance. Les enfants qui vivent un attachement sécurisé sont plus enclins à explorer leur environnement, à jouer librement et à entreprendre de nouvelles expériences, sachant qu'ils ont une "base sécurisée" à laquelle revenir.

Impacts du Développement Émotionnel et Social

Les enfants avec un attachement sécurisé ont tendance à développer une meilleure estime de soi et une meilleure régulation émotionnelle. Ils sont généralement plus équilibrés, moins anxieux et plus capables de faire face aux défis et aux frustrations quotidiennes. Cette capacité à gérer efficacement les émotions les aide à établir des relations plus saines et plus satisfaisantes avec leurs pairs et les adultes. De plus, la sécurité émotionnelle qui découle d'un attachement sécurisé favorise la curiosité et la motivation à apprendre, essentielles pour la réussite scolaire et le développement cognitif.

Influence sur les Relations Futures

Les effets d'un attachement sécurisé s'étendent bien au-delà de l'enfance. Les adolescents et les adultes qui ont vécu des attachements sécurisés ont tendance à avoir une meilleure estime d'eux-mêmes et de meilleures compétences interpersonnelles. Ils sont plus capables de maintenir des relations stables et intimes et font preuve d'une plus grande résilience émotionnelle face à l'adversité. En revanche, ceux qui ont vécu des expériences d'attachement insécurisé ou dysfonctionnel peuvent rencontrer des difficultés plus importantes à gérer les relations et les émotions de manière efficace.

Applications Pratiques de la Théorie de l'Attachement

Sur la base de ces observations, de nombreux programmes d'intervention précoce visent à renforcer les liens d'attachement entre les parents et les enfants. Ces programmes éduquent les parents sur les pratiques d'attachement sécurisé, telles que la réponse sensible aux signaux de l'enfant et le soutien à l'exploration de l'enfant dans un environnement sécurisé. Ces interventions sont conçues pour prévenir ou corriger les schémas d'attachement problématiques, améliorant ainsi les perspectives à long terme de santé émotionnelle et sociale des enfants.

En conclusion, la Théorie de l'Attachement de Bowlby offre un cadre vital pour comprendre l'importance des premières relations dans la détermination de la trajectoire de développement émotionnel et social d'une personne. Promouvoir des attachements sécurisés par le biais de pratiques parentales conscientes et d'interventions ciblées peut avoir des impacts durables, formant des individus plus heureux, plus résilients et mieux adaptés.

3. **Théorie Bioécologique de Bronfenbrenner** : La Théorie Bioécologique d'Urie Bronfenbrenner propose une approche holistique du développement émotionnel, en mettant l'accent sur l'importance du contexte et des différents niveaux de systèmes environnementaux qui influencent un individu tout au long de sa vie. Ce

modèle est extraordinairement inclusif, car il reconnaît que le développement émotionnel d'un enfant ne se produit pas en isolation, mais est le résultat de l'interaction dynamique entre l'enfant et son environnement environnant.

Structure des Systèmes Écologiques

Bronfenbrenner divise l'environnement dans lequel l'enfant grandit en différents systèmes écologiques qui se chevauchent et s'influencent mutuellement :

1. **Microsystème** : Cette couche inclut les relations et interactions directes de l'enfant, telles que celles avec les parents, les camarades de classe et les enseignants. Les expériences quotidiennes au sein de ce système sont essentielles pour le développement émotionnel, car les enfants apprennent à exprimer, réguler et comprendre les émotions à travers les interactions sociales immédiates.

2. **Mésosystème** : Le mésosystème fait référence au réseau d'interactions entre les microsystèmes, comme les relations entre l'école de l'enfant et sa famille. Par exemple, une bonne relation entre les parents et les enseignants peut créer un environnement plus favorable qui contribue positivement au développement émotionnel de l'enfant.

3. **Écosystème** : Ce niveau comprend les influences sociales qui n'affectent pas directement l'enfant mais qui peuvent avoir un impact sur son microsystème, telles que les politiques scolaires ou le climat de travail des parents. Les changements ou le stress dans ces domaines peuvent altérer les dynamiques familiales ou scolaires, affectant à leur tour le bien-être émotionnel de l'enfant.

4. **Macrosystème** : Le macrosystème est le contexte culturel le plus large dans lequel l'enfant vit, comprenant les valeurs, croyances, systèmes économiques et politiques. Les normes culturelles sur la façon dont les sentiments devraient être exprimés et les attitudes envers les questions émotionnelles peuvent profondément influencer la manière dont les enfants grandissent pour gérer leurs émotions.

5. **Chronosystème** : Enfin, le chronosystème fait référence aux influences temporelles et aux changements qui se produisent tout au long de la vie de l'enfant, tels que des événements personnels significatifs ou des transformations socio-économiques importantes.

Implications pour le Bien-Être Émotionnel

Le bien-être émotionnel de l'enfant est vu comme le produit des interactions entre ces différents niveaux d'environnement. Par exemple, un changement dans le macrosystème, comme une nouvelle loi sur l'éducation, peut filtrer à travers le mésosystème et le microsystème, modifiant les expériences quotidiennes de l'enfant à l'école et à la maison. Chaque niveau du modèle de Bronfenbrenner offre une opportunité unique de soutenir le développement émotionnel de l'enfant. Des interventions ciblées peuvent être mises en œuvre à différents niveaux, de l'adaptation des pratiques éducatives en classe à la promotion de politiques publiques soutenant les familles et les institutions éducatives. L'approche bioécologique de Bronfenbrenner souligne l'importance de prendre en compte une large gamme d'influences environnementales dans la compréhension et le soutien du développement émotionnel des enfants. Cette théorie invite les éducateurs, les parents et les décideurs politiques à considérer comment chaque aspect de l'environnement contribue au bien-être émotionnel des enfants, encourageant une vision plus inclusive et systémique des interventions éducatives et sociales.

4. **Théorie de l'Intelligence Émotionnelle de Goleman** : La Théorie de l'Intelligence Émotionnelle de Daniel Goleman a eu un impact révolutionnaire dans le domaine de la psychologie, en proposant que la capacité à comprendre et gérer les émotions soit aussi importante pour le succès personnel que le quotient intellectuel (QI). Goleman soutient que l'intelligence émotionnelle est composée de différentes compétences

clés qui peuvent et doivent être développées dès le plus jeune âge.

Composantes de l'Intelligence Émotionnelle

1. **Autoconscience** : La capacité de reconnaître et comprendre ses propres émotions et comment elles influencent les pensées et le comportement. Enseigner aux enfants à identifier leurs propres émotions et à réfléchir à la manière dont elles sont liées à leurs actions est fondamental pour développer l'autoconscience.

2. **Autorégulation** : Une fois que les enfants sont conscients de leurs propres émotions, il est important qu'ils apprennent à les gérer efficacement. Cela inclut la capacité à se calmer, à exprimer les émotions de manière appropriée et à s'adapter aux changements soudains sans anxiété excessive ou irritabilité.

3. **Motivation** : Goleman met en avant l'importance de la motivation intrinsèque, qui pousse les enfants à poursuivre leurs intérêts et objectifs pour la satisfaction personnelle plutôt que pour des récompenses externes. La capacité à fixer des objectifs et à aspirer à les atteindre est un composant critique de l'intelligence émotionnelle.

4. **Empathie** : Comprendre et partager les sentiments des autres est essentiel pour développer des relations sociales solides. L'empathie aide non seulement les enfants à se lier avec leurs pairs mais leur permet également de naviguer et de répondre adéquatement aux dynamiques sociales complexes.

5. **Compétences Sociales** : Celles-ci comprennent une série de compétences telles que la communication efficace, la gestion des conflits, la coopération et la capacité à influencer positivement les autres. Développer de bonnes compétences sociales permet aux enfants de construire des relations saines et de bien travailler en équipe, tant dans les contextes scolaires que futurs professionnels.

Impact sur le Succès Social et Académique

Le développement de l'intelligence émotionnelle chez les enfants améliore non seulement leur bien-être personnel mais a également un impact significatif sur leur réussite académique. Les élèves dotés de compétences émotionnelles élevées ont tendance à obtenir de meilleures performances scolaires car ils sont mieux capables de gérer le stress et l'anxiété liés aux études. De plus, leur capacité à interagir positivement avec les enseignants et les pairs peut créer un environnement d'apprentissage plus collaboratif et favorable. Au-delà du contexte scolaire, l'intelligence émotionnelle prépare les enfants à des défis futurs plus vastes, y compris les environnements de travail et les relations interpersonnelles à l'âge adulte. La capacité à comprendre et gérer les dynamiques émotionnelles peut se traduire par un meilleur leadership, des relations plus stables et satisfaisantes et une plus grande adaptabilité aux changements et pressions de la vie adulte. Intégrer l'éducation à l'intelligence émotionnelle dans les programmes scolaires et les pratiques éducatives à domicile est essentiel pour équiper les enfants des compétences nécessaires pour naviguer avec succès dans le paysage social et académique complexe du monde contemporain. Enseignants et parents jouent des rôles complémentaires dans le soutien au développement de ces compétences, créant un environnement qui valorise et favorise la croissance émotionnelle aussi bien que intellectuelle.

Stades du Développement Émotionnel

1. **Petite Enfance (0-2 ans)** : À cette étape, les enfants apprennent à exprimer des émotions de base telles que la joie, la tristesse et la peur. La manière dont les personnes qui prennent soin d'eux réagissent à ces expressions émotionnelles est cruciale pour le développement de la régulation émotionnelle chez les enfants.

2. **Jeunesse (2-6 ans)** : Les enfants commencent à expérimenter des émotions plus complexes telles que

la fierté, la honte ou la culpabilité. Pendant cette période, ils commencent également à comprendre les émotions des autres, développant ainsi les premières capacités d'empathie.

3. Âge Scolaire (6-12 ans) : Pendant ces années, les enfants affinent leur capacité à gérer les émotions dans des contextes sociaux plus larges tels que l'école. La compétence émotionnelle devient cruciale pour naviguer dans les complexités des amitiés et des dynamiques de groupe.

4. Adolescence (à partir de 12 ans) : Les adolescents font l'expérience de changements émotionnels intenses en raison des fluctuations hormonales et des nouveaux contextes sociaux tels que les relations amoureuses. À ce stade, l'indépendance émotionnelle et la formation de l'identité personnelle sont centrales.

Ce chapitre vise à fournir aux parents et aux éducateurs une compréhension approfondie de la manière dont les émotions se développent chez les enfants et comment les soutenir à travers chaque phase de leur croissance. En offrant un guide clair sur la manière de naviguer et de soutenir le développement émotionnel, l'objectif est de préparer les enfants à devenir des adultes émotionnellement intelligents et résilients.

CAPITOLO 2: RECONNAISSANCE ET GESTION DES ÉMOTIONS

MÉTHODES ET TECHNIQUES POUR AIDER LES ENFANTS À IDENTIFIER ET GÉRER LES ÉMOTIONS

La reconnaissance et la gestion des émotions sont des compétences fondamentales que chaque enfant devrait développer pour naviguer avec succès dans les défis de la vie quotidienne. Ce chapitre explore différentes méthodes et techniques efficaces pour aider les enfants à identifier et à gérer leurs propres émotions, favorisant ainsi leur santé émotionnelle et sociale.

Éducation Emotionnelle : Fondements Théoriques

L'éducation émotionnelle est un pilier fondamental du développement psychologique et social des enfants. Avant d'approfondir les techniques pour aider les enfants à gérer leurs émotions, il est crucial d'établir une base théorique solide pour guider ce processus éducatif.

Vocabulaire Emotionnel : La Base de la Compréhension Emotionnelle

La première étape de l'éducation émotionnelle consiste

à enseigner aux enfants un vocabulaire émotionnel. Ce vocabulaire est composé des mots et des concepts nécessaires pour décrire et distinguer leurs sensations internes. Apprendre des termes spécifiques pour différentes émotions permet aux enfants d'étiqueter précisément ce qu'ils ressentent, facilitant ainsi la communication de leurs expériences émotionnelles aux autres.

L'acquisition d'un vocabulaire émotionnel n'est pas seulement un exercice de mémorisation, mais un processus d'apprentissage actif impliquant l'identification des émotions à travers des expériences personnelles et des observations sociales. Les enfants apprennent les mots pour les émotions de base telles que la joie, la tristesse, la peur, la colère et la surprise grâce à des expériences quotidiennes et des interactions. Ces émotions de base sont universelles et généralement comprises dès un jeune âge.

Émotions Complexes : Au-delà des Réactions Instantanées

À mesure que les enfants grandissent, leur vocabulaire émotionnel s'enrichit de concepts plus complexes tels que la honte, la fierté, la déception, la gratitude et la jalousie. Ces émotions complexes impliquent souvent une réflexion plus poussée sur soi-même et comprennent différents niveaux d'interaction sociale et de perception de soi. Par exemple, la honte et la fierté sont profondément liées à l'image de soi et aux attentes sociales, tandis que la déception peut découler de attentes non satisfaites envers soi-même ou les autres.

Pour faciliter la compréhension de ces émotions complexes, il est utile d'utiliser des histoires, des exemples concrets ou des situations hypothétiques. À travers la narration et le dialogue, les enfants peuvent voir comment certaines émotions émergent dans des contextes spécifiques et apprendre à les identifier dans diverses situations de la vie quotidienne.

Implications de la Théorie de l'Éducation Emotionnelle

Comprendre et utiliser efficacement le vocabulaire émotionnel a des implications profondes pour le bien-être des enfants. Les enfants qui parviennent à identifier et à communiquer leurs propres émotions sont généralement plus capables de gérer les défis émotionnels de manière proactive. Cette compétence les aide à développer des relations plus saines, à prévenir les conflits et à exprimer leurs besoins et désirs de manière appropriée.

De plus, un vocabulaire émotionnel bien développé est associé à une plus grande empathie, car les enfants qui comprennent leurs propres émotions sont souvent plus attentifs et sensibles aux émotions des autres. Cette sensibilité peut favoriser une plus grande tolérance et respect entre pairs, renforçant ainsi le tissu social de la communauté scolaire et familiale.

En fin de compte, l'éducation émotionnelle basée sur une solide compréhension théorique du vocabulaire émotionnel est essentielle pour équiper les enfants des compétences nécessaires pour naviguer avec succès dans le monde émotionnel et social. Grâce à une éducation systématique et à une pratique quotidienne, les enfants peuvent apprendre non seulement à reconnaître et gérer leurs propres émotions, mais aussi à interagir avec les autres de manière compatissante et efficace. Les éducateurs et les parents jouent un rôle crucial dans ce processus, en fournissant des modèles positifs et un environnement de soutien qui valorise l'expression émotionnelle et le respect mutuel.

Techniques d'Identification des Emotions

1. **Utilisation d'Histoires et de Livres Illustrés** : Les récits décrivant diverses situations émotionnelles peuvent aider les enfants à identifier et à se rapporter à différentes émotions. Une discussion guidée après la lecture peut explorer comment les personnages se sentent et pourquoi, encourageant les enfants à faire des parallèles avec leurs propres expériences.

2. **Jeux de Rôle et Dramatisation** : À travers le jeu de rôle, les enfants peuvent explorer les émotions dans un contexte contrôlé, apprenant à exprimer leurs sentiments de manière appropriée et sûre. Ce type d'activité permet également de pratiquer la réponse

empathique et de considérer différentes perspectives émotionnelles.

3. **Journaux Emotionnels** : Encourager les enfants à tenir un journal de leurs émotions peut être un moyen efficace de les aider à reconnaître et à réfléchir sur leurs propres expériences émotionnelles. Écrire sur ce qu'ils ressentent et ce qui cause ces émotions peut améliorer leur autoconscience.

Gestion des Émotions

Une fois que les enfants ont appris à identifier leurs émotions, la prochaine étape consiste à leur apprendre à les gérer efficacement. La gestion des émotions ne signifie pas les réprimer, mais plutôt apprendre à les exprimer de manière saine et productive.

1. **Techniques de Respiration et de Relaxation** : Enseigner aux enfants des techniques de respiration profonde, de méditation ou des exercices de relaxation peut les aider à se calmer lorsqu'ils se sentent dépassés par leurs émotions. Ces pratiques peuvent être intégrées à la routine quotidienne ou utilisées dans des situations de stress.

2. **Résolution Constructive des Conflits** : Il est crucial d'enseigner aux enfants comment aborder les

conflits de manière constructive. Cela inclut la compréhension de comment exprimer ses propres sentiments sans offenser les autres, écouter activement et trouver des solutions qui prennent en compte les besoins de toutes les parties impliquées.

3. **Renforcement de l'Estime de Soi** : Une estime de soi saine est essentielle pour la gestion émotionnelle. Des activités qui favorisent la confiance en soi, telles que l'attribution de tâches adaptées à l'âge que les enfants peuvent accomplir avec succès, aident à construire leur résilience émotionnelle.

Rôle des Adultes

Le rôle des adultes dans le modelage de l'apprentissage émotionnel des enfants est fondamental et multidimensionnel. Les parents, les enseignants et les personnes qui s'occupent des enfants ont la responsabilité non seulement d'enseigner les compétences de base, mais aussi d'être des exemples dans la gestion des émotions. Cette tâche nécessite une approche consciente et intentionnelle pour influencer positivement le développement émotionnel des enfants.

Modèles de Gestion Émotionnelle

Être un modèle de gestion implique que les adultes doivent d'abord gérer leurs propres émotions de manière à refléter les pratiques qu'ils souhaitent enseigner. Les enfants observent et imitent constamment les adultes dans leur vie ; donc, voir un adulte gérer la frustration, la colère ou la déception de manière calme et réfléchie peut être un enseignement puissant. Par exemple, un parent qui exprime verbalement sa frustration dans une situation stressante de manière calme et constructive montre à l'enfant comment gérer les fortes émotions sans recourir à des comportements négatifs.

Création d'un Environnement de Soutien

Un environnement de soutien est un environnement dans lequel les enfants se sentent en sécurité pour exprimer leurs émotions, sachant qu'ils ne seront pas jugés, ignorés ou punis. Cet environnement encourage l'exploration émotionnelle et la vulnérabilité, qui sont essentielles pour un véritable apprentissage émotionnel. Les adultes peuvent promouvoir un tel environnement à travers des pratiques telles que :

- **Écoute Active** : Montrer de l'attention et de l'intérêt pour ce que l'enfant dit, sans l'interrompre ou minimiser ses sentiments. Cela confirme à l'enfant que ses émotions sont valides et importantes.

- **Dialogue Ouvert** : Encourager des conversations

régulières sur les émotions et sur la façon de les gérer, en créant un dialogue ouvert qui normalise la discussion sur les sentiments.

- **Empathie et Validation** : Répondre aux émotions de l'enfant avec empathie et compréhension, en reconnaissant et validant ses expériences émotionnelles.

Éducation et Enseignement

Les enseignants et les éducateurs ont la tâche unique d'intégrer l'éducation émotionnelle dans leurs programmes et interactions quotidiennes avec les élèves. Cela peut inclure :

- **Cours sur l'intelligence émotionnelle** : Introduire des concepts et des compétences en intelligence émotionnelle à travers des cours formels comprenant des activités d'apprentissage interactives et des discussions de groupe.

- **Gestion du climat en classe** : Créer un climat de classe qui favorise le respect mutuel et la compréhension, en gérant les conflits de manière à ce qu'ils servent de leçons de croissance émotionnelle.

- **Ressources et Outils** : Fournir aux élèves l'accès à des ressources telles que des livres, des jeux et des activités qui favorisent la conscience et la gestion des émotions.

Formation Continue des Adultes

Pour soutenir efficacement le développement émotionnel des enfants, il est essentiel que les adultes soient bien informés et continuellement formés sur les meilleures pratiques en éducation émotionnelle. Les programmes de formation professionnelle pour les enseignants et les séminaires pour les parents peuvent être des outils précieux pour mettre à jour les connaissances et les compétences dans ce domaine dynamique.

En conclusion, le rôle des adultes dans le modelage de l'apprentissage émotionnel des enfants est crucial et complexe. En agissant comme des modèles de gestion émotionnelle positifs, en créant un environnement de soutien et en intégrant l'éducation émotionnelle dans les pratiques quotidiennes, les adultes peuvent avoir un impact profond et durable sur le bien-être émotionnel et social des enfants. Cette responsabilité partagée entre les parents, les enseignants et les personnes qui s'occupent des enfants nécessite engagement, conscience et dévouement continu.

Conclusion

Intégrer l'éducation émotionnelle dans la croissance des enfants est un investissement dans leur avenir. Non seulement cela améliore leur capacité à gérer les défis personnels et interpersonnels, mais cela les prépare également à devenir des adultes empathiques, responsables et émotionnellement intelligents. En adoptant des méthodologies basées sur l'empathie, le soutien et l'enseignement pratique, nous pouvons guider les enfants vers un chemin de développement émotionnel sain et positif.

CHAPITRE 3: CONSTRUCTION DE L'ESTIME DE SOI ET DE L'AUTONOMIE

STRATÉGIES POUR RENFORCER L'ESTIME DE SOI ET PROMOUVOIR L'INDÉPENDANCE

L'estime de soi et l'autonomie sont deux piliers fondamentaux du développement psychologique et social des enfants. Une solide estime de soi permet aux enfants de relever les défis avec confiance, tandis que l'autonomie les prépare à prendre des décisions responsables et indépendantes. Ce chapitre explorera une série de stratégies pratiques et théoriques pour renforcer l'estime de soi et promouvoir l'indépendance chez les enfants, facilitant ainsi un chemin de croissance équilibré et sain.

Fondements de l'Estime de Soi

L'estime de soi fait référence au sentiment de valeur qu'une personne attribue à elle-même. Pour les enfants, construire une image positive d'eux-mêmes implique de recevoir des reconnaissances et des encouragements à la fois de la part de figures extérieures, telles que les parents et les enseignants, et à travers la reconnaissance de leurs propres réalisations personnelles.

1. **Reconnaissance des Qualités Personnelles**: La

reconnaissance des qualités personnelles chez les enfants est une pratique essentielle que les adultes peuvent utiliser pour encourager le développement d'une estime de soi saine. Au-delà des réalisations tangibles telles que les performances scolaires ou les victoires sportives, mettre en avant des traits tels que la gentillesse, la curiosité, la créativité et la persévérance aide à construire une base de valeurs internes solides. Voici quelques conseils pratiques sur la façon dont les adultes peuvent mettre en évidence et valoriser ces qualités chez les enfants :

Conseils Pratiques pour la Reconnaissance des Qualités Personnelles

1. **Éloges Spécifiques**: Au lieu de compliments généraux comme "Bravo !" ou "Excellent travail !", les adultes devraient offrir des éloges spécifiques qui reconnaissent exactement ce que l'enfant a bien fait. Par exemple, "J'ai beaucoup aimé comment tu as aidé ton frère avec ses devoirs" ou "Ta curiosité sur la croissance des plantes est vraiment impressionnante". Ce type de retour d'information spécifique est plus significatif car il montre à l'enfant que ses actions ont été observées attentivement et évaluées positivement.

2. **Reconnaître les Efforts au-delà des Résultats**: Il est important de célébrer les efforts des enfants, pas seulement les résultats finaux. Louer le processus d'apprentissage et l'effort mis dans une activité

encourage les enfants à apprécier le travail acharné et la persévérance. Par exemple, dire "Tu as vraiment travaillé dur sur ce projet, et ton dévouement est admirable" peut encourager l'enfant à continuer à s'investir.

3. **Créer des Opportunités de Succès**: Les adultes peuvent structurer les activités de manière à ce que chaque enfant puisse connaître des succès personnels, quel que soit son niveau de compétence. Cela pourrait signifier adapter les tâches ou les défis pour les adapter aux capacités individuelles de l'enfant, en veillant à ce que chaque enfant se sente compétent et apprécié.

4. **Célébrer les Comportements Positifs**: Lorsqu'un enfant fait preuve de qualités telles que la gentillesse ou l'empathie, il est important de le reconnaître immédiatement. Cela pourrait se faire par de petites récompenses, telles que des autocollants ou un peu de temps supplémentaire pour jouer, ou même simplement par une reconnaissance verbale en présence d'autres personnes, renforçant ainsi davantage ces comportements positifs.

5. **Modéliser les Qualités Positives**: Les adultes doivent agir comme des modèles en vivant les mêmes qualités qu'ils souhaitent inculquer aux enfants. Montrer de la curiosité, de la créativité, de la gentillesse et de la persévérance dans leurs activités

quotidiennes peut inspirer les enfants à émuler ces comportements.

6. **Utilisation d'Histoires et de Livres**: Introduire des livres et des histoires mettant en avant des personnages qui illustrent diverses qualités positives peut être un excellent moyen de susciter des discussions sur ces traits. Après la lecture, les adultes peuvent guider les enfants dans une conversation sur la façon dont ils pourraient émuler les comportements des personnages dans leur vie quotidienne.

7. **Rétroaction Continue et Positive**: La rétroaction doit être un processus continu et non limité à des situations formelles d'évaluation. Des commentaires positifs informels et des encouragements réguliers peuvent beaucoup contribuer à maintenir la motivation de l'enfant et renforcer son estime de soi. En adoptant ces approches, les adultes aident non seulement les enfants à construire une solide estime de soi, mais les encouragent également à développer un sentiment de valeur personnelle qui va au-delà des performances externes, créant ainsi une base solide pour leur bien-être émotionnel et social futur.

2. **Fixation d'Objectifs Réalistes**: La fixation d'objectifs réalistes est une composante essentielle de l'éducation visant à développer l'estime de soi chez les enfants. Cette pratique leur enseigne non seulement comment identifier et travailler vers des objectifs

spécifiques, mais aussi comment faire face et s'adapter aux résultats, qu'ils soient des réussites ou des échecs. Ci-dessous, nous explorons plus en détail les méthodes pour aider les enfants à établir des objectifs qui sont à la fois stimulants et accessibles.

Compréhension de la Capacité de l'Enfant

Tout d'abord, il est vital de comprendre le niveau de développement et les capacités de l'enfant. Les objectifs doivent être adaptés à l'âge et aux compétences spécifiques de l'enfant pour éviter des frustrations excessives. Par exemple, demander à un enfant de cinq ans de lire un livre pour enfants de huit ans pourrait être trop ambitieux et conduire à des sentiments d'inadéquation et de frustration.

Processus de Définition des Objectifs

1. **Définition Claire de l'Objectif**: Aider les enfants à définir ce qu'ils veulent atteindre en termes clairs et concrets. Par exemple, au lieu d'un objectif générique tel que "améliorer en mathématiques", un objectif plus spécifique pourrait être "apprendre à faire des additions avec deux nombres".

2. **Étapes Petites et Mesurables**: Diviser les objectifs en tâches plus petites et gérables peut rendre le processus moins intimidant et plus tangible. Cette approche aide les enfants à voir les progrès réalisés tout au long du chemin, maintenant ainsi leur motivation élevée.

3. **Soutien et Guidage**: Fournir un soutien constant dans le processus de réalisation des objectifs. Cela peut inclure le suivi des progrès, la fourniture de ressources éducatives ou simplement des encouragements.

4. **Célébration des Succès**: Reconnaître et célébrer même les petits succès est essentiel pour renforcer la confiance en soi de l'enfant. Cette reconnaissance peut être verbale, sous forme de compliments, ou sous forme de petites récompenses.

5. **Réflexion et Ajustements**: Encourager les enfants à réfléchir à leurs efforts, en considérant ce qui a fonctionné et ce qui n'a pas fonctionné. Cette réflexion peut guider les ajustements vers les objectifs, rendant l'apprentissage un processus dynamique et adaptatif.

Promotion de l'Autonomie dans la Gestion des Objectifs

Enseigner aux enfants à prendre l'initiative dans la définition et la poursuite de leurs objectifs favorise l'autonomie et la responsabilité personnelle. À mesure que les enfants grandissent, ils peuvent être progressivement encouragés à définir leurs propres objectifs de manière autonome, les adultes agissant alors comme des conseillers plutôt que des directeurs.

Utilisation d'Outils Visuels

Les outils visuels tels que les tableaux de progression ou les graphiques peuvent être extrêmement utiles pour les enfants afin de visualiser leurs objectifs et de suivre leurs progrès. Ces outils rendent l'expérience plus interactive et peuvent servir de rappel constant des objectifs et des progrès.

Apprendre à définir des objectifs réalistes et réalisables est une compétence vitale qui servira aux enfants toute leur vie. Ce processus aide non seulement à construire leur estime de soi, mais enseigne également les compétences en planification, la persévérance et l'adaptabilité. En faisant de cette pratique une partie régulière de leur développement, les adultes peuvent aider les enfants à transformer leurs aspirations en succès concrets, favorisant ainsi une croissance personnelle durable.

Feedback Constructif: Le feedback devrait être formulé de manière à encourager et à construire, plutôt que de critiquer négativement. Même lorsque la correction est nécessaire, elle devrait être faite de manière à ce que l'enfant comprenne comment s'améliorer sans se sentir dévalorisé.

Promotion de l'Autonomie

L'autonomie implique la capacité d'agir selon ses propres décisions et préférences. C'est un aspect crucial du développement qui aide les enfants à se sentir plus en contrôle de leur vie et à devenir des adultes indépendants et responsables.

Encouragement à la Prise de Décision: Permettre aux enfants de faire des choix appropriés à leur âge sur des questions quotidiennes, telles que choisir les vêtements à porter ou décider du menu du déjeuner, renforce leur sentiment d'autonomie. Ce processus enseigne également les conséquences naturelles des choix, un élément vital de l'apprentissage de la prise de décision.

Résolution Pratique de Problèmes: Enseigner aux enfants à résoudre les problèmes les aide à développer la capacité à faire face à des situations complexes de manière indépendante. Cela peut inclure des activités guidées où les enfants sont encouragés à envisager différentes solutions, à évaluer les avantages et les inconvénients, et à décider de la meilleure action à entreprendre.

Responsabilité Graduelle: Donner aux enfants des tâches et des responsabilités qu'ils peuvent gérer renforce leur capacité à prendre soin d'eux-mêmes et des autres. Cela peut commencer par de petites tâches ménagères et augmenter progressivement avec des responsabilités plus importantes à mesure qu'ils grandissent.

Support dans l'Environnement Éducatif et Familial

Le rôle des adultes dans le soutien au

développement de l'estime de soi et de l'autonomie est irremplaçable. Les parents et les enseignants devraient travailler ensemble pour créer un environnement à la fois encourageant et stimulant, permettant aux enfants d'explorer leurs limites en toute sécurité et d'apprendre de leurs erreurs sans craindre de conséquences négatives.

Environnement de Soutien: Un environnement chaleureux et accueillant, où les enfants se sentent en sécurité pour s'exprimer et essayer de nouvelles activités, est essentiel à leur développement émotionnel et personnel.

Modèle de Rôle Cohérent: Les adultes devraient constamment démontrer des comportements qui reflètent les valeurs d'estime de soi et d'autonomie qu'ils souhaitent inculquer aux enfants. La cohérence entre ce que les adultes disent et font sert de modèle de comportement puissant pour les jeunes.

Conclusion: Renforcement de l'Estime de Soi et Promotion de l'Autonomie chez les Enfants

Développer l'estime de soi et l'autonomie chez les enfants nécessite un engagement attentif et délibéré de la part des adultes responsables de leur croissance. Ces qualités sont non seulement essentielles pour le succès personnel et académique de l'enfant, mais sont également fondamentales pour leur capacité à devenir des adultes indépendants et compétents.

Approche Intentionnelle et Personnalisée

Une approche efficace implique d'adopter des stratégies éducatives qui sont adaptées aux besoins et aux particularités de chaque enfant. Reconnaître que chaque enfant a un rythme de croissance unique et des besoins émotionnels différents est essentiel pour fournir le soutien approprié.

Création d'un Environnement Riche et Stimulant

Un environnement qui favorise l'autonomie et renforce l'estime de soi devrait être riche en opportunités pour expérimenter et apprendre des succès et des échecs dans un contexte de soutien.

Importance de la Coherence

La cohérence entre les paroles et les actions des adultes est cruciale. Les enfants apprennent en observant les adultes dans leur vie; il est donc vital que les enseignants, les parents et les autres soignants modélisent des comportements qui reflètent les compétences émotionnelles et de gestion de soi qu'ils veulent inculquer.

Évaluation et Adaptation Continues

Enfin, il est essentiel d'évaluer régulièrement l'efficacité des stratégies adoptées et d'apporter les ajustements nécessaires. Ce processus d'évaluation et d'adaptation aide à garantir que les pratiques éducatives restent pertinentes et répondent efficacement aux besoins en évolution des enfants alors qu'ils grandissent et se développent.

En résumé, investir dans le renforcement de l'estime de soi et la promotion de l'autonomie chez les enfants est un engagement à long terme qui nécessite dévouement, patience et une stratégie réfléchie. Les adultes ont le pouvoir d'influencer significativement le parcours de développement des enfants grâce à des interactions quotidiennes intentionnelles et à des environnements enrichis, préparant ainsi le terrain pour leur succès et leur bien-être futurs.

CHAPITRE 4: EMPATHIE ET RELATIONS INTERPERSONNELLES

ACTIVITÉS POUR DÉVELOPPER L'EMPATHIE ET SON IMPORTANCE DANS LA PRÉVENTION DE LA MANIPULATION

L'empathie est une capacité fondamentale qui permet aux individus de percevoir, comprendre et répondre de manière appropriée aux états émotionnels des autres. Cette compétence enrichit non seulement les relations interpersonnelles, mais joue également un rôle crucial dans la prévention des comportements manipulateurs et abusifs. Dans ce chapitre, nous explorerons différentes activités pratiques pour développer l'empathie chez les enfants et discuterons de la signification de cette compétence dans le contexte des relations sociales.

Fondements de l'Empathie

Les fondements de l'empathie englobent un ensemble de compétences à la fois cognitives et émotionnelles qui permettent aux individus d'entrer en résonance avec les états émotionnels des autres. Ces compétences sont cruciales pour développer des relations interpersonnelles significatives et pour naviguer efficacement dans les complexités des dynamiques sociales. L'empathie n'est pas simplement une réaction instinctive, mais une capacité qui peut être cultivée et renforcée au fil du temps grâce à une éducation ciblée et attentive.

Composantes de l'Empathie

1. **Reconnaissance Emotionnelle** : La première étape pour être empathique est la capacité d'identifier et de reconnaître les émotions des autres. Cela ne signifie pas seulement remarquer une expression faciale triste ou joyeuse, mais aussi interpréter les gestes, le ton de voix et d'autres signaux non verbaux qui peuvent indiquer comment une personne se sent.

2. **Perspective Cognitive** : Comprendre la capacité de se mettre à la place d'une autre personne. Cela implique de tenter de voir le monde à travers les yeux d'un autre et de comprendre leurs pensées et leurs sentiments sans jugement préalable. Cette composante de l'empathie nécessite un certain degré d'imagination et de réflexion, car l'enfant doit activement penser à ce que pourrait ressentir une autre personne dans une situation donnée.

3. **Réponse Compatissante** : Après avoir reconnu et compris les émotions des autres, l'étape suivante est de répondre de manière appropriée et compatissante. Cela peut inclure offrir du réconfort, exprimer de la gentillesse ou simplement écouter activement. La réponse compatissante est la manifestation externe de

l'empathie et ce qui influe le plus souvent sur les relations.

Importance de l'Éducation à l'Empathie dans la Petite Enfance

La petite enfance est une période critique pour le développement de l'empathie. Pendant ces années, les enfants apprennent non seulement à interpréter leurs propres sentiments, mais aussi à réagir à ceux des autres. Les premières expériences d'interaction sociale, qu'elles se déroulent en famille, à l'école ou en jouant avec des pairs, sont des opportunités fondamentales pour pratiquer et approfondir la compréhension empathique.

Éduquer à l'empathie dès la petite enfance pose les bases pour :

- **Des relations plus saines** : Les enfants qui développent de l'empathie ont tendance à former des liens plus forts et plus positifs.

- **Plus de tolérance et moins de préjugés** : L'empathie peut réduire la probabilité de développer des attitudes discriminatoires ou préjudiciables, car elle favorise une compréhension plus profonde des différentes perspectives.

- **Compétences de résolution de conflits** : Comprendre les sentiments des autres aide à négocier et à résoudre les conflits de manière plus constructive et moins agressive.

Intégrer l'éducation à l'empathie dans les programmes pour la petite enfance signifie créer une série d'expériences d'apprentissage structurées qui aident les enfants à reconnaître et à répondre de manière sensible aux émotions des autres. Cela améliore non seulement leur développement émotionnel et social, mais prépare également le terrain pour une société plus compréhensive et moins divisée.

Activités pour Développer l'Empathie

1. **Lectures Partagées et Discussion d'Histoires** : Utiliser des livres et des histoires comme outils pour explorer des thèmes émotionnels et des situations relationnelles. Lire des histoires présentant différents scénarios émotionnels et sociaux aide les enfants à identifier et comprendre les sentiments des personnages. Après la lecture, mener des discussions sur les motivations derrière les actions des personnages et sur comment ils pourraient se sentir dans différentes situations peut développer davantage leur capacité d'empathie.

2. **Jeux de Rôle et Simulations** : À travers le jeu de rôle, les enfants peuvent expérimenter directement la perspective des autres. Par exemple, créer des situations où un enfant doit "jouer le rôle" d'un

camarade qui a eu une mauvaise journée, tandis que les autres doivent répondre de manière empathique. Ces simulations améliorent non seulement la compréhension émotionnelle, mais aussi les compétences d'écoute et de communication.

3. **Projets de Service Communautaire** : Impliquer les enfants dans des activités de volontariat ou des projets communautaires peut être extrêmement efficace pour développer l'empathie. Participer à des initiatives qui aident les autres, comme la collecte de nourriture pour une banque alimentaire ou rendre visite aux personnes âgées, peut accroître la conscience sociale des enfants et stimuler la réflexion sur comment leurs actions influencent les autres.

Importance de l'Empathie dans les Relations Interpersonnelles

L'empathie améliore non seulement la qualité des relations personnelles, mais a également des implications plus larges dans la prévention de comportements négatifs. Dans le contexte de la prévention de la manipulation, l'empathie peut jouer un rôle vital :

- **Prévention du Harcèlement** : L'empathie réduit la probabilité qu'un enfant agisse de manière dominante, car la capacité à comprendre et se soucier des sentiments des autres est incompatible avec le désir de causer de la douleur.

- **Contrer la Manipulation** : Éduquer les enfants sur l'importance de l'empathie les aide également à reconnaître quand elle fait défaut chez les autres, les rendant moins vulnérables aux techniques de manipulation. Les enfants empathiques sont mieux équipés pour percevoir quand quelqu'un essaie de les influencer de manière injuste.

- **Promotion de Communautés Solidaires** : Les compétences empathiques contribuent à créer des environnements plus solidaires et moins compétitifs dans les écoles et les communautés, où l'acceptation et le soutien mutuel sont la norme.

Conclusion

Développer l'empathie chez les enfants n'est pas seulement un investissement dans leurs compétences interpersonnelles, mais aussi une protection contre les comportements nuisibles. À travers des activités intentionnelles, des discussions ouvertes et des opportunités d'apprentissage par le service, les enfants peuvent grandir pour devenir des adultes compatissants, socialement conscients et éthiquement engagés. Ce chapitre a décrit des méthodes pratiques et la valeur intrinsèque de l'empathie, soulignant à quel point elle est essentielle pour construire des

relations saines et prévenir les dynamiques négatives
au sein de la société.

CHAPITRE 5: COMMUNICATION EFFICACE ET ÉCOUTE ACTIVE

TECHNIQUES POUR ENSEIGNER AUX ENFANTS À COMMUNIQUER CLAIREMENT ET À ÉCOUTER

La communication efficace et l'écoute active sont des compétences essentielles qui facilitent non seulement une meilleure interaction sociale, mais sont également cruciales pour la réussite académique et personnelle des enfants. Ce chapitre explore des techniques détaillées pour enseigner aux enfants à exprimer clairement leurs pensées et leurs sentiments et à développer des capacités d'écoute qui favorisent une compréhension profonde et un respect mutuel.

Fondements de la Communication Efficace

Communiquer efficacement signifie transmettre des messages de manière claire et compréhensible, tout en écoutant et évaluant les réponses des autres avec un esprit ouvert. Pour les enfants, le développement de cette compétence implique d'apprendre à articuler leurs pensées de manière appropriée et à utiliser le langage corporel et les signaux non verbaux pour soutenir leur communication.

Techniques pour Enseigner la Communication Efficace:

1. **Modélisation** : Les adultes devraient servir de modèles de communication claire et efficace. Cela inclut l'utilisation d'un langage simple et direct, le maintien du contact visuel, et montrer par l'exemple comment exprimer les pensées et les émotions de manière respectueuse.

2. **Jeux de Rôle** : À travers les jeux de rôle, les enfants peuvent pratiquer la communication dans divers scénarios. Cela les aide à comprendre comment leurs mots influencent les autres et comment modifier leur façon de s'exprimer en fonction du contexte et de la personne avec qui ils parlent.

3. **Feedback Constructif** : Après des exercices de communication, fournir des retours constructifs qui aident les enfants à comprendre ce qu'ils ont bien fait et ce qu'ils peuvent améliorer. Le feedback devrait être spécifique et axé sur des aspects modifiables, comme le ton de voix ou le choix des mots.

Importance de l'Écoute Active

L'écoute active ne consiste pas seulement à écouter ce qui est dit, mais aussi à comprendre le message complet que l'autre personne essaie de transmettre. Cela inclut d'écouter les tonalités émotionnelles, de remarquer les signaux non verbaux, et de montrer à travers des réponses verbales et non verbales qu'on prête attention.

Techniques pour Enseigner l'Écoute Active:

1. **Exercices d'Écoute Directe** : Encourager les enfants à résumer ce qu'ils viennent d'entendre dans une conversation pour s'assurer qu'ils ont compris le message de l'interlocuteur. Cela peut être pratiqué dans des contextes formels et informels.

2. **Activités de Groupe** : Organiser des activités de groupe qui exigent écoute et collaboration, comme construire quelque chose ensemble ou résoudre un puzzle. Ces activités aident les enfants à pratiquer l'écoute des idées des autres et l'intégration de ces idées dans leurs propres actions.

3. **Réflexion Émotionnelle** : Enseigner aux enfants à reconnaître et à réfléchir à comment ils se sentent quand quelqu'un d'autre parle et à comment leurs émotions peuvent influencer leur capacité d'écoute. Cela inclut discuter de l'importance de mettre de côté leurs propres jugements tout en écoutant activement.

Intégration dans la Vie Quotidienne

L'enseignement de ces compétences doit être intégré

constamment dans la vie quotidienne des enfants. Les adultes peuvent encourager des pratiques de communication et d'écoute lors des interactions familiales, des activités scolaires et du jeu avec des pairs. Promouvoir un environnement qui valorise l'expression ouverte et l'écoute respectueuse prépare les enfants à devenir des adultes qui peuvent naviguer les complexités relationnelles et professionnelles avec plus de facilité et de succès.

En conclusion, fournir aux enfants les outils pour communiquer efficacement et écouter activement est une composante critique de leur éducation globale. Les compétences acquises non seulement amélioreront leurs relations interpersonnelles mais les doteront également des capacités nécessaires pour réussir dans tous les aspects de leur vie future.

CHAPITRE 6: RÉSOUDRE LES CONFLITS DE MANIÈRE CONSTRUCTIVE

MÉTHODES POUR ENSEIGNER LA RÉSOLUTION DES CONFLITS SANS VIOLENCE

La résolution constructive des conflits est une compétence vitale qui aide les enfants à gérer et à résoudre les désaccords et les tensions de manière efficace et pacifique. Enseigner aux enfants comment aborder les conflits sans recourir à la violence est essentiel pour leur développement social et émotionnel, et contribue à créer des environnements plus harmonieux, que ce soit à l'école ou en famille.

Synergie des Compétences Interpersonnelles dans la Résolution des Conflits

La résolution constructive des conflits ne repose pas seulement sur l'application isolée de compétences individuelles telles que l'écoute active ou la communication efficace, mais plutôt sur leur interaction harmonieuse. Lorsque les enfants apprennent à combiner ces compétences, ils peuvent gérer les désaccords de manière à favoriser la compréhension mutuelle et la croissance personnelle. Voici comment ces compétences s'intègrent :

Interaction entre Communication Efficace et

Écoute Active

La communication efficace et l'écoute active sont profondément interconnectées. Alors que la communication efficace se concentre sur la manière dont les enfants expriment leurs pensées et leurs sentiments, l'écoute active concerne la réception et le traitement des informations provenant des autres. Ensemble, ces compétences créent un cycle de rétroaction où chaque partie parle et est également écoutée, ce qui est essentiel pour parvenir à une compréhension commune et pour négocier des solutions aux conflits.

Empathie comme Lien

L'empathie agit comme un pont qui relie la communication et l'écoute à l'expérience émotionnelle des autres. En faisant appel à l'empathie, les enfants peuvent mieux comprendre non seulement ce que les autres communiquent, mais aussi le contexte émotionnel derrière ces mots. Ce niveau de compréhension est crucial pour répondre de manière à respecter les sentiments des autres et promouvoir des solutions pacifiques.

Réflexion Émotionnelle et Régulation

La gestion de ses propres émotions est une autre composante critique. Lorsque les enfants sont capables de reconnaître et de réguler leurs propres réponses émotionnelles, ils peuvent participer plus efficacement au processus de résolution des conflits. La capacité de faire une pause et de considérer la situation avant de réagir empêche l'escalade du conflit et ouvre la voie à des interactions plus réfléchies et moins réactives.

Intégration dans la Vie Quotidienne

Enseigner aux enfants à utiliser ces compétences dans des situations réelles nécessite pratique et guidance. Les adultes peuvent créer des opportunités d'apprentissage à travers des jeux de rôle, des discussions guidées et des activités de groupe qui simulent des scénarios de conflit. Ces exercices aident les enfants à expérimenter comment leurs compétences interpersonnelles travaillent ensemble pour résoudre des problèmes complexes de manière pacifique et constructive. La résolution constructive des conflits est le résultat d'une intégration complexe de différentes compétences interpersonnelles. En enseignant aux enfants non seulement les compétences individuelles mais aussi comment elles s'entrecroisent et se renforcent mutuellement, nous les préparons à naviguer et à résoudre les conflits de manière efficace et mature. Cette approche holistique améliore non seulement leurs relations immédiates mais les dote également d'outils précieux pour la vie.

Méthodes pour Enseigner la Résolution des Conflits

1. **Éducation à l'Intelligence Emotionnelle** : Avant même d'aborder directement la résolution des conflits, il est essentiel d'éduquer les enfants à reconnaître et à gérer leurs propres émotions. L'intelligence émotionnelle est la base qui permet d'aborder les conflits avec plus de conscience et de contrôle.

2. **Jeux de Rôle et Simulations** : À travers des activités de jeu de rôle, les enfants peuvent expérimenter des scénarios conflictuels dans un environnement contrôlé et sûr. Ces exercices les aident à pratiquer comment exprimer leurs points de vue de manière respectueuse et comment écouter activement les perspectives des autres.

3. **Enseignement de Techniques de Négociation**: Introduire les enfants aux principes de négociation, tels que la recherche de solutions gagnant-gagnant où les deux parties peuvent être satisfaites du résultat. Cela peut inclure l'identification d'intérêts communs et la discussion sur la façon de trouver un accord qui respecte les besoins de chacun.

4. **Utilisation de Médiateurs** : Enseigner aux enfants l'utilisation de médiateurs impartiaux, tels que des enseignants ou des conseillers, dans les conflits les plus complexes. Les médiateurs peuvent aider à faciliter la discussion, en veillant à ce que toutes les voix soient entendues et qu'une solution équitable soit trouvée.

5. **Pratique de l'Auto-Réflexion** : Encourager les enfants à réfléchir aux situations conflictuelles une fois résolues. Discuter de ce qu'ils ont appris, de ce qu'ils auraient pu faire différemment et de la façon dont ils peuvent appliquer ces leçons à l'avenir.

Importance d'un Environnement Supportif

Créer un environnement qui promeut et soutient la résolution constructive des conflits est essentiel. Les adultes devraient modéliser des comportements positifs en montrant comment ils gèrent les conflits dans leur vie quotidienne. De plus, les écoles et les familles devraient avoir des politiques claires sur la manière dont les conflits sont traités et quelles ressources sont disponibles pour les élèves ayant besoin de soutien.

Intégration dans les Programmes Scolaires

La résolution des conflits devrait être intégrée dans les programmes scolaires en tant que partie de l'éducation civique et sociale. Des leçons dédiées à ce sujet peuvent fournir aux enfants les connaissances et les compétences nécessaires pour gérer les désaccords de manière efficace et respectueuse, les préparant ainsi mieux aux interactions complexes de la vie adulte.

Conclusion

Enseigner aux enfants à résoudre les conflits de manière constructive est un investissement dans leur avenir. Les compétences acquises non seulement aident à prévenir la violence et à réduire le stress dans les contextes sociaux, mais favorisent également le développement d'adultes capables de contribuer positivement à la société. En facilitant l'apprentissage de ces compétences vitales, nous pouvons espérer construire une communauté plus pacifique et collaborative.

CHAPITRE 7: PRÉVENIR LE HARCÈLEMENT ET RECONNAÎTRE LES COMPORTEMENTS MANIPULATIFS

SIGNES DE HARCÈLEMENT ET DE MANIPULATION ET COMMENT ENSEIGNER AUX ENFANTS À LES ÉVITER

Le harcèlement et la manipulation sont des problèmes significatifs dans les écoles et les communautés, qui peuvent avoir des impacts durables sur le bien-être émotionnel et psychologique des enfants. Ce chapitre explore en profondeur comment reconnaître les signes de ces comportements négatifs et fournit des stratégies détaillées pour enseigner aux enfants à les identifier et les éviter.

Comprendre le Harcèlement et la Manipulation

Harcèlement : Le harcèlement est une forme de comportement agressif qui implique un abus de pouvoir dans les relations sociales, visant à intimider, blesser ou contraindre une autre personne. Ce phénomène est particulièrement préoccupant car il vise souvent des individus perçus comme plus vulnérables ou moins capables de se défendre. Ce n'est pas un événement isolé mais un comportement répétitif qui peut causer des dommages psychologiques et physiques significatifs aux victimes.

Formes de Harcèlement

1. **Harcèlement Physique** : C'est peut-être la forme la plus reconnaissable de harcèlement. Il comprend tout acte de violence physique tel que des poussées, des coups de poing, des coups de pied ou tout autre type de force physique utilisé pour intimider ou blesser quelqu'un. Le harcèlement physique peut également inclure le fait de prendre ou de endommager les biens de quelqu'un contre son gré.

2. **Harcèlement Verbal** : Le harcèlement verbal inclut les insultes, les surnoms méprisants, les menaces verbales et les moqueries. Cette forme de harcèlement utilise les mots comme armes pour causer de la douleur émotionnelle et psychologique. Il peut être directement adressé ou prononcé dans le dos de la victime.

3. **Harcèlement Relationnel (Exclusion Sociale)** : Aussi connu sous le nom de harcèlement social, ce type se produit lorsque quelqu'un est délibérément exclu des activités sociales, ignoré ou ostracisé. Le harcèlement relationnel vise à nuire à la réputation de quelqu'un et à ses relations avec les autres, souvent par le biais de commérages, de propagation de rumeurs ou de manipulation des relations sociales de la victime.

4. **Cyberharcèlement** : Avec l'avènement des technologies numériques, le cyberharcèlement est devenu une forme prédominante d'agression. Ce type de harcèlement se produit via des plateformes numériques telles que les médias sociaux, la messagerie instantanée, les e-mails et les sites web. Il comprend la publication de commentaires ou d'images dégradantes, l'envoi de messages menaçants et la création de faux profils pour humilier publiquement une personne.

Impacts du Harcèlement

Le harcèlement a le potentiel de sérieusement affecter l'estime de soi et la sécurité d'un enfant. Les victimes de harcèlement font souvent l'expérience d'une large gamme d'effets négatifs, tels que la peur, l'anxiété, la dépression, la faible estime de soi et même des pensées suicidaires. Ces impacts peuvent s'étendre bien au-delà de l'enfance, influençant la santé mentale et le bien-être d'une personne jusqu'à l'âge adulte.

De plus, le harcèlement peut affecter les performances scolaires des victimes, car les enfants peuvent avoir peur d'aller à l'école et peuvent avoir du mal à se concentrer sur leurs études en raison de l'anxiété et du stress causés par les interactions harcelantes.

Prévention et Intervention

La prévention du harcèlement nécessite une approche proactive impliquant les éducateurs, les parents et les pairs. Les environnements scolaires devraient adopter des politiques anti-harcèlement claires, fournir une formation adéquate aux enseignants et au personnel sur la reconnaissance et la gestion du harcèlement, et encourager un climat scolaire qui favorise le respect mutuel et la diversité. Il est tout aussi essentiel d'éduquer les enfants à parler s'ils sont témoins ou victimes de harcèlement et de s'assurer qu'ils savent qu'il y a des adultes de confiance avec qui ils peuvent parler et obtenir de l'aide.

Manipulation : La manipulation, typique du harcèlement, est un type d'influence sociale malveillante visant à altérer le comportement ou la perception des autres par des moyens trompeurs ou souterrains. Chez les enfants, cela peut inclure la manipulation émotionnelle, comme le recours à la culpabilité pour influencer les autres ou l'utilisation de la flatterie pour obtenir un avantage personnel.

Reconnaître les Signes

Signes de Harcèlement :

- Aggressions physiques répétées, telles que des poussées, des pincements ou des coups de poing.

- Insultes, surnoms offensants ou railleries ciblées.

- Exclusion intentionnelle des groupes sociaux ou des activités.

- Propagation de rumeurs ou de secrets pour nuire à la réputation de quelqu'un.

- Actions hostiles en ligne, y compris des publications, des commentaires ou des messages visant à intimider ou humilier.

Signes de Manipulation :

- Utilisation fréquente de compliments excessifs pour se concilier quelqu'un.

- Altération des faits pour en tirer un avantage personnel.

- Appel émotionnel exagéré pour susciter la sympathie ou contraindre à l'action.

- Refus d'accepter un "non" comme réponse, insistant fortement pour changer de décision.

Enseigner aux Enfants à les Éviter

Éducation et Discussion Ouverte :

Commencer par une éducation proactive qui encourage les enfants à parler de leurs expériences et à partager leurs sentiments. Des discussions ouvertes en classe sur ce que signifient le harcèlement et la manipulation et comment ces comportements se manifestent peuvent aider à démystifier le problème et encourager les enfants à parler.

Développement des Compétences Sociales et Émotionnelles :

Renforcer les compétences sociales et émotionnelles des enfants est essentiel pour prévenir le harcèlement et la manipulation. Cela comprend l'enseignement de compétences telles que l'empathie, l'assertivité et la gestion des émotions, qui peuvent aider les enfants à résister à la pression des pairs et à gérer les situations sociales complexes de manière plus efficace.

Jeux de Rôle et Scénarios :

Utiliser des jeux de rôle et des scénarios pour pratiquer les réactions et les réponses aux situations de harcèlement ou de manipulation. Ces exercices peuvent aider les enfants à se sentir plus préparés et plus confiants dans la gestion de telles situations dans la réalité.

Soutien et Ressources :

Fournir aux enfants un accès à des ressources et un soutien, à la fois à l'intérieur et à l'extérieur de l'environnement scolaire. Cela inclut la présence de conseillers scolaires, de programmes de soutien entre pairs et de lignes d'assistance pour le harcèlement.

Implication des Parents et de la Communauté

Encourager une approche collaborative entre l'école, la maison et la communauté peut amplifier les efforts pour lutter contre le harcèlement et la manipulation. Informer les parents sur les signes d'alerte et sur la manière dont ils peuvent soutenir leurs enfants à la maison est crucial pour créer un environnement cohésif qui favorise le respect mutuel et la sécurité.

Conclusion

Prévenir le harcèlement et reconnaître les comportements manipulatifs sont des défis importants qui nécessitent une approche coordonnée et multifacette. Ces comportements négatifs, s'ils ne sont pas traités, peuvent avoir des effets dévastateurs sur le bien-être physique, social et émotionnel des enfants, influençant leur capacité à apprendre et à grandir dans des environnements positifs. Cependant, grâce à un engagement conjoint et systématique, il est possible de réduire et de prévenir l'incidence de ces comportements et de construire une culture scolaire et sociale plus résiliente et inclusive.

L'éducation joue un rôle crucial dans la prévention du harcèlement et des comportements manipulatifs. Les programmes scolaires qui intègrent des leçons sur l'empathie, le respect mutuel et la communication assertive peuvent fournir aux enfants les compétences nécessaires pour naviguer et gérer des relations complexes. En enseignant aux enfants à reconnaître les signes du harcèlement et de la manipulation, ils sont mieux préparés à se protéger et à défendre les autres.

Fournir un accès à un soutien psychologique et à des conseillers scolaires peut aider les enfants à traiter et à surmonter les expériences de harcèlement ou de manipulation. Les spécialistes peuvent offrir des stratégies d'adaptation et des interventions personnalisées qui renforcent la résilience des enfants et réparent les dommages émotionnels.

L'implication des parents et des communautés locales est essentielle. Des ateliers pour les parents sur la reconnaissance des signes de harcèlement et sur l'enseignement aux enfants la gestion des conflits peuvent étendre les efforts de prévention au-delà de l'environnement scolaire. Les communautés qui maintiennent un dialogue ouvert sur ces questions et qui soutiennent les initiatives anti-harcèlement contribuent à créer un environnement sûr pour tous les enfants.

Création d'Environnements Sûrs

Les institutions éducatives devraient développer et maintenir des politiques claires contre le harcèlement, avec des procédures bien définies pour signaler et gérer les incidents. Ces politiques devraient être communiquées de manière claire aux élèves, au personnel et aux familles, en veillant à ce que tous soient informés de leurs droits et responsabilités.

Encourager les enfants à devenir des leaders entre

pairs dans la promotion d'un environnement scolaire positif peut avoir un impact significatif. Les programmes de leadership entre pairs qui équipent les élèves de compétences pour faire face et contrer le harcèlement renforcent la culture scolaire et favorisent un sentiment d'agence et de responsabilité chez les élèves.

Aborder le harcèlement et les comportements manipulatifs nécessite une approche holistique qui intègre l'éducation, le soutien psychologique, l'implication de la communauté et des politiques scolaires solides. En éduquant les enfants sur la manière de reconnaître et de réagir à ces situations négatives, et en leur fournissant les compétences et le soutien nécessaires pour les surmonter, nous pouvons aspirer à créer des environnements plus sûrs et plus accueillants. Cela améliore non seulement l'expérience éducative des enfants, mais pose également les bases d'une société plus compatissante et moins tolérante envers la violence et la manipulation.

CHAPITRE 8: RÔLE DES ADULTES ET DE L'ENVIRONNEMENT ÉDUCATIF

COMMENT LES ADULTES ET LES ÉCOLES PEUVENT MODELER DES COMPORTEMENTS POSITIFS

Dans un monde en constante évolution, le rôle des adultes et des institutions éducatives dans le modelage des comportements positifs des jeunes devient de plus en plus crucial. Ils ne sont pas seulement des éducateurs et des gardiens du savoir, mais aussi les architectes des futurs citoyens du monde, dont la responsabilité s'étend bien au-delà de la salle de classe. Leur influence est profonde et omniprésente, façonnant les générations futures à travers chaque interaction, chaque choix de politique éducative, et chaque exemple personnel.

Le Pouvoir Formateur des Adultes

Les adultes - qu'ils soient parents, enseignants, entraîneurs ou mentors - détiennent un pouvoir extraordinaire pour façonner les esprits et les caractères des jeunes. Avec chaque mot et action, ils peuvent inspirer le respect, la curiosité, la compassion et l'intégrité, ou ils peuvent involontairement propager la peur, le désintérêt ou le mépris. La cohérence entre ce que les adultes professent et ce qu'ils pratiquent est donc fondamentale.

1. Exemple Personnel :

L'exemple personnel des adultes est l'une des influences les plus puissantes et directes sur le comportement des enfants. À travers la mimésis, les enfants apprennent non seulement comment agir dans des situations spécifiques, mais ils absorbent aussi, souvent inconsciemment, des valeurs profondes et des modèles de comportement qui peuvent durer toute une vie.

Quand un enseignant gère un conflit en classe avec calme et justice, il ne résout pas seulement un problème immédiat, mais il démontre aussi comment les individus peuvent interagir de manière constructive. Ce type de modélisation comportementale va au-delà de l'enseignement traditionnel; il fournit aux élèves un cadre de référence direct et vivant sur la manière de se comporter lorsqu'ils sont confrontés à des conflits similaires. L'enseignant devient ainsi une figure de référence incarnant les principes d'équité et de respect qui sont essentiels dans toute communauté bien fonctionnante.

De même, les parents qui traitent les membres de la famille, les amis et même les étrangers avec gentillesse et compréhension transmettent silencieusement à leurs enfants l'importance de l'empathie et du respect pour les autres. Chaque geste de gentillesse observé est une leçon que l'enfant apprend sur l'importance de prendre soin des relations humaines. Ces moments deviennent les fondations sur lesquelles les enfants construisent leur compréhension des interactions sociales et de la valeur intrinsèque de chaque personne.

Exemples Quotidiens et Leçons de Vie

Un adulte qui montre de la patience dans la circulation, qui est courtois avec les commis lors des achats, ou qui est respectueux envers ses collègues de travail, offre des exemples quotidiens de la manière de gérer la frustration et le désaccord de manière socialement acceptable et positive. En observant ces comportements, les enfants apprennent que le respect mutuel est la norme attendue et souhaitable dans toutes les interactions.

Les adultes qui font face aux défis personnels ou professionnels avec intégrité et résilience offrent de puissantes leçons de gestion et de force intérieure. Les enfants qui voient leurs modèles de rôle faire face aux difficultés de manière constructive apprennent l'importance de la persévérance et de l'optimisme, même dans des circonstances adverses.

En fin de compte, l'exemple personnel est un puissant outil éducatif qui transmet des leçons vitales non pas à travers des mots ou des théories, mais à travers des actions concrètes et quotidiennes. Les adultes qui se comportent de manière cohérente et positive renforcent non seulement leurs enseignements, mais laissent une empreinte durable qui peut aider à guider les enfants vers l'âge adulte, compassionnés, respectueux et équitables. Dans le vaste paysage de l'éducation, peu de leçons sont aussi impactantes que celles qui sont enseignées en direct, chaque jour, par les comportements des adultes.

2. Communication Authentique :

La communication authentique entre adultes et enfants est un pilier fondamental du développement émotionnel et cognitif des jeunes. Elle facilite non seulement la transmission de connaissances et de valeurs, mais établit également les bases de relations solides et significatives, cruciales pour le bien-être émotionnel de l'enfant.

1. Écoute Active :

Un élément clé de la communication authentique est l'écoute active. Cela signifie non seulement entendre les mots qui sont dits, mais vraiment comprendre le message que l'enfant essaie de transmettre. Les adultes devraient montrer avec leur langage corporel, comme le contact visuel, l'inclinaison du corps et les mouvements de tête, qu'ils prêtent une attention totale aux paroles de l'enfant. L'écoute active envoie un message puissant : "Tes pensées sont importantes et méritent d'être entendues".

2. Réponses Sincères et Réfléchies :

Les réponses des adultes devraient être considérées et sincères. Cela implique de répondre de manière à refléter la compréhension des sentiments et des opinions de l'enfant, plutôt que de fournir des réponses automatiques ou superficielles. Une réponse réfléchie pourrait nécessiter de paraphraser ce que l'enfant a dit, pour montrer qu'il a été entendu correctement, ou de poser des questions approfondissant la conversation, montrant un intérêt véritable pour ses idées.

3. Encouragement de l'Expression Libre :

Encourager les enfants à exprimer librement leurs pensées et leurs sentiments est crucial pour une communication authentique. Les adultes devraient créer un environnement sûr où les enfants se sentent libres de partager leurs préoccupations, leurs peurs, leurs succès et leurs échecs sans crainte de jugement ou de représailles. Cela peut inclure la discussion ouverte des erreurs et des échecs comme des opportunités d'apprentissage plutôt que comme des sources de honte.

Avantages de la Communication Authentique

Construction de la Confiance :

Une communication authentique et ouverte construit la confiance, qui est essentielle pour le développement sain de l'enfant. Lorsque les enfants sentent que les adultes sont vraiment intéressés par ce qu'ils ont à dire et respectent leurs sentiments, ils sont plus susceptibles de développer un sentiment de sécurité intérieure et d'estime de soi.

Promotion du Bien-Être Émotionnel :

Être écouté et compris est un besoin émotionnel fondamental. La communication authentique aide les enfants à se sentir valorisés et compris, ce qui est crucial pour leur bien-être émotionnel et psychologique. De plus, apprendre à communiquer ouvertement et efficacement avec les autres est une compétence vitale qui bénéficiera aux enfants toute leur vie, dans les relations personnelles, académiques et professionnelles.

Facilitation de l'Apprentissage :

La communication authentique non seulement améliore les relations, mais facilite également l'apprentissage. Les enfants sont plus enclins à s'engager activement et à participer dans des environnements où ils se sentent écoutés et soutenus. Les adultes qui pratiquent une communication authentique peuvent donc améliorer considérablement l'efficacité du processus éducatif.

En résumé, s'engager dans une communication authentique et ouverte avec les enfants n'est pas seulement une pratique éducative ; c'est une pratique qui soutient le développement global de l'enfant, renforçant ses capacités relationnelles, augmentant sa sécurité émotionnelle et améliorant son engagement et son succès dans des contextes d'apprentissage. Les adultes qui adoptent cette approche investissent dans l'avenir des enfants, en les équipant des compétences nécessaires pour naviguer dans le monde avec confiance et compétence.

L'Impact de l'Environnement Éducatif

Les institutions éducatives représentent l'une des fondations de la société, jouant un rôle crucial non seulement dans l'éducation académique, mais aussi comme centres de socialisation et de formation du caractère des jeunes. En plus de la transmission des connaissances, les écoles servent d'environnements essentiels où les valeurs sont enseignées, partagées et internalisées, et où les normes sociales sont explorées et assimilées.

Les écoles sont dans une position unique pour modeler les valeurs des élèves à travers des programmes structurés, des interactions quotidiennes et l'atmosphère générale de l'environnement scolaire. Ces valeurs peuvent inclure l'intégrité, la justice, le respect mutuel et la responsabilité. À travers les discussions en classe, les projets de groupe et le code de conduite scolaire, les élèves apprennent l'importance de ces principes non seulement comme concepts abstraits, mais comme lignes directrices pratiques pour le comportement quotidien.

De nombreuses écoles mettent en œuvre des programmes spécifiques d'éducation au caractère qui intègrent l'enseignement de valeurs positives dans les programmes d'études traditionnels. Ces programmes sont conçus pour inculquer aux jeunes une série de qualités désirables qui influencent positivement leur comportement et leurs décisions.

Les assemblées scolaires régulières peuvent servir de plateformes pour renforcer les valeurs partagées, en célébrant les comportements qui illustrent les principes scolaires et en reconnaissant les élèves ou les groupes qui démontrent ces qualités.

Assimilation des Normes Sociales

En plus de la transmission des valeurs, les écoles sont des lieux vitaux pour l'assimilation des normes sociales. À travers l'interaction avec les pairs et le personnel scolaire, les élèves apprennent et internalisent les attentes sociales et comportementales qui prévalent dans leur communauté et dans la société plus large.

1. **Règles et Comportements Acceptés** : L'école établit des règles qui guident le comportement acceptable, jouant un rôle essentiel dans l'enseignement aux élèves comment interagir de manière appropriée et respectueuse. Ce processus comprend la gestion de situations telles que le

harcèlement, la résolution des conflits et le soutien à l'inclusivité.

2. **Projets de Service Communautaire** : Les initiatives impliquant les élèves dans des services communautaires ou des projets de volontariat renforcent les normes sociales d'altruisme et de responsabilité civique. Ces projets aident non seulement les élèves à développer un sentiment d'agence pour améliorer leur communauté, mais aussi à comprendre et à valoriser l'importance de la contribution individuelle au bien collectif.

En fin de compte, les institutions éducatives jouent un rôle irremplaçable non seulement dans l'éducation, mais dans la formation des citoyens de l'avenir. En fournissant un environnement où les valeurs positives sont activement promues et où les normes sociales sont clairement définies et valorisées, les écoles n'éduquent pas seulement les élèves sur le plan académique, mais les préparent également à être des membres productifs et conscients de la société. Cet engagement envers la formation intégrale des jeunes est ce qui distingue vraiment les institutions éducatives comme des piliers fondamentaux du progrès social et culturel.

1. **Programmes Scolaires Intégrés :**

Un programme qui intègre l'éducation au caractère et au comportement positif avec les enseignements académiques peut renforcer les leçons de vie qui préparent les élèves à être des citoyens actifs et responsables. Des sujets tels que l'éthique, la résolution des conflits et la citoyenneté mondiale devraient faire partie intégrante du programme d'études.

2. **Politiques Scolaires Inclusives** :

Les politiques scolaires devraient promouvoir l'inclusivité, la justice et le respect pour tous. Des normes claires et justes qui protègent les droits des élèves, des enseignants et du personnel créent un environnement scolaire où la sécurité et le respect sont garantis pour tous.

3. **Formation Continue du Personnel :**

Investir dans la formation continue des enseignants et du personnel scolaire sur les méthodes d'enseignement innovantes et sur la manière de gérer la diversité et les besoins spéciaux peut transformer de manière significative l'environnement éducatif.

Collaboration Communautaire

L'engagement de la communauté élargie - y compris les familles, les autorités locales et les organisations non gouvernementales - est essentiel pour renforcer l'impact des initiatives éducatives. La collaboration entre les écoles et la communauté peut offrir un soutien supplémentaire, des ressources et des opportunités d'apprentissage réel qui enrichissent l'expérience éducative des élèves.

En fin de compte, le rôle des adultes et de l'environnement éducatif dans le modelage des comportements positifs dépasse la simple responsabilité éducative, s'élevant à un impératif moral qui imprègne tous les aspects de la société. En inculquant des valeurs telles que le respect, l'intégrité, la curiosité et la compassion, et en veillant à ce que ces principes soient non seulement enseignés mais véritablement pratiqués, les institutions éducatives et les adultes responsables posent les bases du développement de futurs leaders conscients et de citoyens proactifs.

Cet engagement envers une éducation holistique se manifeste non seulement dans les salles de classe, mais dans tous les aspects de l'existence humaine, influençant positivement les interactions quotidiennes et les grandes décisions politiques et sociales. Les environnements d'apprentissage qui donnent la priorité à ces valeurs universelles fournissent aux élèves les outils pour naviguer dans les complexités du monde moderne avec sagesse et empathie, les préparant à contribuer efficacement à la société mondiale.

De plus, ce chapitre représente un appel à l'action pour tous les adultes - enseignants, parents, leaders communautaires et décideurs politiques - afin de reconnaître et d'exploiter leur impact significatif dans le modelage des générations futures. Il est essentiel que ces acteurs clés collaborent étroitement, partagent des ressources et des meilleures pratiques, et entament un dialogue continu sur la manière d'améliorer et d'adapter les stratégies éducatives pour répondre aux besoins émergents des jeunes.

La création de tels environnements éducatifs, enrichis par une éthique du respect mutuel et de la responsabilité partagée, ne prépare pas seulement les jeunes à devenir des citoyens du monde compétents et équitables, mais nourrit également une culture de soutien continu où chaque individu est valorisé et chaque voix est entendue. Cette approche de l'éducation peut potentiellement transformer les sociétés, rendant le monde un endroit plus juste, durable et compréhensif.

Par conséquent, alors que nous nous approchons des objectifs éducatifs du futur, il est fondamental de maintenir une vision holistique et moralement guidée qui embrasse l'éducation non seulement comme une transmission de connaissances, mais comme un véritable mandat pour former des individus intègres et capables d'agir pour le bien commun. L'importance de cette mission ne peut être sous-estimée, car elle repose sur le progrès et la stabilité des futures générations et, par extension, de la société mondiale.

CHAPITRE 9: RESSOURCES ET ACTIVITÉS PRATIQUES

L'éducation émotionnelle est une composante essentielle du processus éducatif global, nécessaire pour développer des individus équilibrés et capables de gérer efficacement les relations et les défis personnels. Pour mettre en œuvre cette formation, il est essentiel de disposer de ressources et d'activités pratiques qui peuvent être facilement intégrées dans la vie quotidienne de l'éducation. Ce chapitre détaille une variété de livres, de jeux et de plans de leçons conçus pour renforcer l'éducation émotionnelle dans divers environnements éducatifs.

Livres pour l'Éducation Émotionnelle

1. **Fiction et Biographies**: La littérature offre un terrain riche pour explorer des questions émotionnelles complexes. Les romans et les biographies traitant de défis personnels, de croissance émotionnelle et de relations interpersonnelles peuvent offrir aux élèves des leçons de vie précieuses. Des titres comme "Wonder" de R.J. Palacio, qui explore les thèmes de l'empathie et de l'acceptation, ou "To Kill a Mockingbird" de Harper Lee, qui aborde la justice et la compassion, sont d'excellents exemples de la manière dont les livres peuvent servir d'outils éducatifs émotionnels.

2. **Guides Éducatifs et Manuels**: Il existe de nombreuses publications dédiées à fournir des outils pratiques aux enseignants et aux parents sur la manière de traiter l'éducation émotionnelle. Des livres comme "Emotional Intelligence" de Daniel Goleman et "How to Raise an Emotionally Intelligent Child" de John Gottman offrent des aperçus basés sur la recherche et des stratégies concrètes pour développer les compétences émotionnelles chez les jeunes.

Jeux pour l'Éducation Émotionnelle

1. **Jeux de Rôle**: À travers le jeu de rôle, les enfants peuvent expérimenter et pratiquer des réponses à divers scénarios émotionnels dans un environnement contrôlé et sûr. Ces jeux aident les enfants à explorer leurs propres émotions et celles des autres, améliorant leur capacité d'empathie et de compréhension.

2. **Jeux de Société**: Il existe des jeux de société spécialement conçus pour encourager la discussion et la réflexion sur les questions émotionnelles. Des jeux comme "Feelings in a Jar" offrent aux enfants et aux adultes l'occasion d'exprimer et de discuter de leurs sentiments dans un format ludique et accessible.

Plans de leçons pour l'Éducation Émotionnelle

1. **Leçons Interactives**: Créer des leçons comprenant des activités interactives telles que la cartographie des émotions, des mises en scène et des discussions de groupe peut rendre l'apprentissage émotionnel plus engageant et mémorable. Ces leçons doivent être conçues pour s'adapter à différents groupes d'âge et niveaux de compréhension.

2. **Projets Collaboratifs**: Encourager les projets de groupe qui nécessitent la coopération, la négociation et la résolution de problèmes partagée. Ces projets construisent non seulement des compétences émotionnelles et sociales mais favorisent également un sentiment de communauté et d'appartenance parmi les élèves.

Conclusion

En incorporant des livres, des jeux et des plans de leçons ciblés dans l'environnement éducatif, nous pouvons enrichir considérablement l'éducation émotionnelle des jeunes. Ces ressources offrent non seulement des opportunités d'apprentissage et de pratique des compétences émotionnelles, mais établissent également une culture de sensibilité et de conscience émotionnelle qui peut s'étendre au-delà de l'école, influençant positivement les futures interactions sociales et professionnelles des étudiants. Ainsi, l'éducation émotionnelle devient un investissement dans le bien-être global des individus et dans la santé de la société en général.

CHAPITRE 10: HISTOIRES DE CAS ET TÉMOIGNAGES

TÉMOIGNAGES ET EXPERTISES SUR LE TERRAIN

L'éducation émotionnelle se révèle plus efficace lorsqu'elle est accompagnée d'histoires réelles et de témoignages illustrant ses défis et ses réussites. Ce chapitre présente des études de cas détaillées et des recueils de témoignages offrant des insights précieux sur la mise en œuvre et l'efficacité des stratégies éducatives émotionnelles, fournissant ainsi un guide essentiel pour les éducateurs, les parents et les décideurs politiques.

Analyses de Cas

1. Transformation Systémique : Étude de Cas dans le Nord de l'Europe

L'étude de cas concerne une initiative pionnière entreprise dans un district scolaire du Nord de l'Europe, où l'adoption d'un programme structuré d'éducation émotionnelle a produit des changements significatifs et mesurables dans le comportement des élèves et le climat scolaire global. Le programme visait non seulement à réduire l'agressivité entre les élèves, mais aussi à élever leur bien-être psychologique, créant ainsi un environnement plus accueillant et productif pour l'apprentissage.

Le programme a introduit des pratiques quotidiennes de pleine conscience, enseignant aux élèves des techniques de méditation et de respiration consciente. Ces activités ont été intégrées au début de chaque journée scolaire et après les pauses, aidant les élèves à se recentrer et à apaiser leur esprit avant de se plonger dans les études. Les séances de pleine conscience ont été adaptées pour être accessibles à tous les âges, garantissant que chaque élève puisse y participer et en bénéficier.

Le programme a également mis l'accent sur le développement de la conscience émotionnelle à travers des sessions de groupe guidées. Au cours de ces sessions, les élèves ont appris à identifier et à nommer leurs propres émotions, une compétence fondamentale pour la régulation émotionnelle. Ces sessions ont encouragé la discussion ouverte sur les sentiments et ont fourni des stratégies pour gérer les émotions de manière plus efficace, réduisant ainsi les réactions d'agressivité et améliorant les interactions interpersonnelles.

Reconnaissant l'importance des éducateurs en tant que médiateurs du changement, le programme a mis en place une formation continue pour les enseignants sur les techniques de sensibilisation émotionnelle et de gestion du comportement. Cela a équipé les enseignants des outils nécessaires pour soutenir les élèves dans leur parcours émotionnel et pour intervenir de manière proactive dans des situations potentiellement conflictuelles. Les enseignants ont appris à faciliter les discussions émotionnelles en classe et à intégrer les leçons d'éducation émotionnelle dans le curriculum existant.

L'évaluation du programme a montré une réduction quantifiable de l'agressivité des élèves, comme en témoignent une baisse des signalements d'incidents et des observations du personnel scolaire. Parallèlement, une amélioration générale du bien-être psychologique des élèves a été observée, avec des relations améliorées aussi bien entre pairs qu'entre élèves et enseignants. Ces résultats ont été étayés par des sondages et des retours d'élèves, de parents et d'enseignants, qui ont rapporté une atmosphère plus calme et plus solidaire au sein des écoles.

Ce cas de transformation systémique dans le Nord de l'Europe met en lumière le potentiel de l'éducation émotionnelle comme outil pour améliorer non seulement le comportement des élèves, mais aussi la qualité globale de l'expérience éducative. À travers une approche holistique et soutenue comprenant la pratique de la pleine conscience, le développement de la conscience émotionnelle et la formation des enseignants, les écoles peuvent devenir des lieux où le bien-être émotionnel est prioritaire, contribuant ainsi de manière significative à la formation d'individus plus conscients, équilibrés et compatissants.

2. Réponse à des Crises Spécifiques :

Dans une école urbaine située au cœur d'une grande ville américaine, un problème croissant de harcèlement était en train de miner le climat d'apprentissage et la sécurité des élèves. La direction de l'école, déterminée à inverser cette tendance inquiétante, a mis en œuvre une approche innovante basée sur le modèle de la justice réparatrice, complétée par la création d'espaces de dialogue sécurisés au sein de l'établissement.

Le modèle de justice réparatrice introduit par l'école met l'accent sur la reconnaissance et la résolution des dommages causés par les incidents de harcèlement, plutôt que de simplement punir les comportements négatifs. Cette approche a nécessité un changement significatif dans la gestion disciplinaire : au lieu de sanctionner les élèves avec des méthodes traditionnelles telles que la suspension, l'école a commencé à organiser des séances de médiation impliquant les victimes, les auteurs et souvent aussi leurs familles. Pendant ces séances, les élèves impliqués explorent les conséquences de leurs actions, entendent directement les dommages émotionnels et psychologiques qu'ils ont causés et collaborent pour développer un plan d'action visant à réparer les dommages.

Parallèlement, l'école a mis en place des espaces de dialogue sécurisés, animés par des conseillers qualifiés, où les élèves peuvent exprimer librement leurs préoccupations, leurs peurs et leurs opinions sans craindre de jugement ou de représailles. Ces espaces sont devenus essentiels pour instaurer la confiance et l'ouverture entre les élèves, leur permettant de discuter de questions délicates et de développer des stratégies personnelles et collectives pour faire face au harcèlement et le prévenir. Les espaces de dialogue ont également offert aux enseignants et au personnel scolaire la possibilité de mieux comprendre les dynamiques étudiantes et d'agir en tant que médiateurs et soutiens proactifs.

L'introduction de ces initiatives a entraîné une transformation palpable de la culture scolaire. La dynamique étudiante a vu une nette diminution des incidents de harcèlement, confirmée à la fois par des rapports internes et par les retours des élèves et des parents. De plus, l'adoption de stratégies coopératives et de médiation a renforcé la collaboration entre les élèves, améliorant considérablement la cohésion sociale et le sentiment de communauté au sein de l'école.

Cette approche a montré que lutter contre le harcèlement n'est pas seulement une question de gestion des symptômes, mais nécessite un changement profond dans les structures et les politiques scolaires qui favorisent la compréhension mutuelle et la réparation active des relations endommagées. L'école urbaine de cette grande ville américaine sert maintenant de modèle exemplaire de la manière dont des politiques innovantes et humanistes peuvent résoudre des crises comportementales complexes, rétablissant un environnement d'apprentissage sûr et soutien pour tous les élèves.

Recueils de Témoignages

1. Réflexions d'Experts :

Un Psychologue Scolaire Témoigne : Transformation des Relations Étudiantes

Le Dr. Gianna Monetti, psychologue scolaire avec plus de quinze ans d'expérience dans un lycée urbain de Milan, a observé des transformations remarquables dans le comportement et les interactions des élèves grâce à l'intégration de l'éducation émotionnelle dans le programme scolaire. Son expérience offre un regard approfondi sur la manière dont des techniques spécifiques d'éducation émotionnelle peuvent influencer positivement la dynamique étudiante.

Le Dr. Monetti décrit comment, avant l'introduction du programme d'éducation émotionnelle, de nombreux élèves montraient des signes d'isolement social et des conflits interpersonnels fréquents. L'environnement scolaire était marqué par des tensions, avec des groupes d'élèves souvent divisés par des malentendus et des préjugés. Les bagarres et les disputes étaient courantes, et les enseignants se retrouvaient souvent à gérer des situations de crise sans les outils appropriés pour le faire efficacement.

Le programme introduit par le Dr. Monetti comprenait plusieurs composantes clés :

- Ateliers de Sensibilisation Émotionnelle : Les élèves participaient à des sessions mensuelles où ils apprenaient à identifier et à exprimer leurs émotions de manière constructive. À travers des activités telles que le jeu de rôle et l'écriture réflexive, les élèves explorent des scénarios courants susceptibles de déclencher des conflits, en apprenant des stratégies pour les gérer pacifiquement.

- **Cercles d'Écoute** : Chaque classe organisait des réunions hebdomadaires où les élèves pouvaient partager leurs expériences et leurs sentiments dans un environnement sûr et favorable. Ces cercles étaient animés par des médiateurs formés (enseignants ou élèves plus âgés) qui aidaient à guider la discussion en maintenant un climat de respect et de compréhension.

- **Formation pour les Enseignants** : Les enseignants recevaient une formation spécifique sur la manière d'intégrer l'éducation émotionnelle dans leurs leçons quotidiennes et sur la manière d'être des modèles de comportement émotionnellement intelligents pour leurs élèves.

Résultats Observés

Après un an d'introduction de ces pratiques, le Dr. Monetti a documenté une diminution significative des conflits physiques et verbaux entre les élèves. De plus, elle a remarqué une amélioration des relations interpersonnelles : les élèves qui avaient tendance à l'isolement participaient désormais plus activement à la vie scolaire et faisaient preuve d'une ouverture accrue envers leurs camarades de classe.

La collaboration en classe s'est considérablement améliorée, avec des élèves s'engageant désormais plus activement dans des projets de groupe et des activités scolaires. Le Dr. Monetti attribue ces changements à la sensibilisation émotionnelle accrue des élèves et à leur capacité à gérer les émotions de manière plus efficace.

Le témoignage du Dr. Monetti met en lumière comment l'éducation émotionnelle n'est pas seulement théorique, mais aussi une pratique puissante capable de transformer radicalement la dynamique scolaire. Ces techniques préparent non seulement les élèves à mieux gérer les défis personnels et interpersonnels, mais renforcent également le tissu social de l'environnement éducatif, créant une communauté scolaire plus unie et plus solidaire.

- Un Pédagogue Partage : Adaptation de l'Éducation Émotionnelle à Diverses Cultures et Tranches d'Âge

Le Professeur Marco Terzini, un pédagogue renommé axé sur les programmes éducatifs internationaux, a consacré une grande partie de sa carrière à l'adaptation de l'éducation émotionnelle pour répondre aux besoins des élèves dans différents contextes culturels et tranches d'âge. À travers son travail, il a développé des stratégies spécifiques qui ont montré des résultats significatifs dans différentes régions du monde, mettant en évidence l'importance de la flexibilité et de la sensibilité culturelle dans l'enseignement des compétences émotionnelles.

Contextes Internationaux et Adaptations Culturelles

1. Écoles Primaires au Japon :

Au Japon, le Professeur Bianchi a collaboré à la conception d'un programme d'éducation émotionnelle intégrant des pratiques Zen et méditatives, fondamentales dans la culture japonaise, pour aider les enfants à apprendre le calme et la réflexion. Ces éléments ont été intégrés à travers des contes traditionnels et des jeux de rôle enseignant la patience, le respect mutuel et le contrôle de soi, des principes très valorisés dans la société japonaise.

2. Lycées au Brésil :

Au Brésil, l'accent a été mis sur le développement de la résilience et de l'estime de soi chez les adolescents, en utilisant la musique et la danse, éléments centraux de l'identité culturelle brésilienne. Les élèves participaient à des ateliers où ils exploraient leurs émotions à travers l'expression artistique, favorisant une communication émotionnelle ouverte et le travail d'équipe dans un contexte culturellement reconnaissable et attrayant.

Stratégies pour Diverses Tranches d'Âge

1. Éducation Préscolaire en Scandinavie :

Pour les enfants d'âge préscolaire en Scandinavie, le Professeur Bianchi a développé des activités mettant l'accent sur le jeu coopératif et l'empathie. Ces activités reposent sur l'apprentissage expérientiel et la narration, aidant les enfants à identifier et à exprimer les émotions d'une manière qui respecte leur stade de développement cognitif et émotionnel.

2. Universités au Canada :

Pour les étudiants universitaires, l'accent a été mis sur la gestion du stress et la résolution des conflits. Le Professeur Bianchi a mis en place des séminaires combinant théorie et pratique, y compris des scénarios de simulation pour gérer les désaccords et développer le leadership, essentiels pour la préparation à la vie professionnelle.

Impacts et Observations

Le travail du Professeur Bianchi a mis en évidence comment l'adaptation de l'éducation émotionnelle à différentes cultures et tranches d'âge non seulement augmente son efficacité mais promeut également un sentiment d'inclusion et de respect de la diversité. À travers son approche holistique, il a observé des améliorations tangibles dans le comportement des élèves, leur interaction sociale et leurs performances académiques, confirmant que l'éducation émotionnelle, lorsqu'elle est adéquatement adaptée, est un puissant outil de développement personnel et collectif.

Le succès de ces stratégies internationales montre que l'éducation émotionnelle peut et doit être personnalisée pour refléter et respecter les différences culturelles et les spécificités d'âge, garantissant que chaque élève reçoive le soutien nécessaire pour naviguer dans le monde complexe des émotions de manière efficace et respectueuse.

Les voix des étudiants offrent une perspective authentique et directe sur l'efficacité de l'éducation émotionnelle dans les écoles. Des étudiants de différents âges et milieux partagent leurs expériences personnelles, racontant comment l'introduction de l'éducation émotionnelle a eu un impact significatif sur leur vie scolaire et personnelle. Ces témoignages mettent en lumière non seulement les avantages tangibles de ces programmes, mais soulignent également l'importance de prendre en compte les besoins émotionnels des étudiants dans le processus éducatif.

1. Amélioration des performances académiques :

Marco, un lycéen en Italie, raconte comment les séances d'éducation émotionnelle l'ont aidé à mieux gérer le stress lié aux examens. "Avant, j'étais toujours anxieux avant les épreuves importantes, ce qui influençait négativement mes résultats. Après avoir participé à des ateliers de gestion du stress et appris des techniques de relaxation, j'ai remarqué une amélioration significative de mes performances académiques. Maintenant, j'aborde les épreuves avec plus de calme et de concentration," déclare Marco.

2.   Renforcement   des   relations interpersonnelles :

Leyla, une étudiante universitaire aux États-Unis, décrit comment l'éducation émotionnelle a transformé sa façon d'interagir avec ses camarades et ses professeurs. "J'ai appris à communiquer de manière plus efficace, à exprimer clairement mes sentiments et à écouter les autres. Cela a non seulement amélioré mes relations avec mes camarades de classe, mais a également approfondi ma connexion avec mes professeurs. Je me sens plus comprise et je comprends mieux les autres," explique Leyla.

3. Développement de la résilience émotionnelle :

Akira, un jeune élève du collège au Japon, souligne comment l'éducation émotionnelle l'a aidé à surmonter des moments de difficulté personnelle. "Quand mon grand-père est mort, j'étais dévasté. Les séances de soutien émotionnel à l'école m'ont aidé à faire mon deuil et à trouver des moyens sains de faire face à la perte. J'ai appris qu'il est normal de se sentir triste et que parler peut vraiment aider," raconte Akira.

4. Augmentation de l'estime de soi et de la confiance en soi :

Fatima, une lycéenne au Maroc, partage comment l'éducation émotionnelle a influencé son estime de soi. "Avant, je me sentais insecure et hésitais souvent à participer en classe. À travers des activités qui promouvaient la conscience de soi et l'affirmation personnelle, j'ai commencé à me voir sous un jour plus positif. Maintenant, je participe plus activement et je me sens plus sûre de mes capacités," affirme Fatima.

Ces témoignages directs révèlent que l'éducation émotionnelle n'est pas seulement un complément éducatif, mais un élément essentiel qui enrichit l'expérience scolaire globale des étudiants, améliorant leur bien-être, leurs performances académiques et leurs compétences sociales. À travers ces voix, il apparaît clairement que l'intégration de l'éducation émotionnelle peut avoir des effets profonds et durables sur le développement individuel des étudiants.

Synthèse et Perspectives Futures

Les études de cas et les témoignages recueillis dans ce volume illustrent non seulement le potentiel transformateur de l'éducation émotionnelle dans les écoles, mais offrent également un aperçu éclairant des applications futures possibles de ces pratiques. En examinant les succès et les défis rencontrés, nous pouvons tirer des enseignements fondamentaux qui peuvent guider l'évolution future de l'éducation émotionnelle, en la rendant de plus en plus un pilier central des systèmes éducatifs à l'échelle mondiale.

Ces cas mettent en évidence une série de stratégies éducatives qui se sont révélées efficaces dans différents environnements et contextes culturels. L'adaptabilité et la reproductibilité de ces stratégies sont cruciales, leur permettant d'être modelées pour répondre aux besoins spécifiques de différentes communautés scolaires. Par exemple, l'introduction de programmes de pleine conscience dans une école pourrait être personnalisée pour inclure des éléments culturels spécifiques qui résonnent avec les étudiants de cette communauté, augmentant ainsi l'efficacité du programme.

Les récits traités soulignent l'importance d'intégrer l'éducation émotionnelle dans le programme scolaire formel. Il ne s'agit pas seulement d'un ajout sporadique, mais d'une inclusion systématique qui lie l'éducation émotionnelle aux objectifs d'apprentissage généraux. Cette approche garantit que chaque élève reçoive une éducation holistique qui le prépare non seulement à la réussite académique mais aussi à une vie personnelle et professionnelle équilibrée et satisfaisante.

La discussion dépasse les récits individuels pour aborder des thèmes plus larges de politique éducative. Elle souligne la nécessité de politiques soutenant la mise en œuvre et l'expansion de l'éducation émotionnelle. Par exemple, les politiques promouvant la formation des enseignants et l'allocation de ressources pour les programmes d'éducation émotionnelle peuvent jouer un rôle crucial dans la promotion de cette intégration. De plus, en abordant des questions sociales plus larges telles que l'inclusion et la justice sociale, l'éducation émotionnelle peut contribuer de manière significative à la construction de communautés plus justes et inclusives.

En regardant vers l'avenir, l'éducation émotionnelle a le potentiel de devenir un élément standard et incontesté de l'éducation mondiale. La prise de conscience croissante de sa valeur, non seulement dans le contexte scolaire mais aussi comme étant fondamentale pour le bien-être général, suggère une tendance vers une adoption et une promotion accrues. Cela nécessite un engagement continu dans la recherche, l'expérimentation et l'évaluation des impacts, en veillant à ce que les pratiques adoptées soient basées sur des preuves solides et qu'elles soient affinées en réponse aux retours continus des éducateurs et des étudiants.

En résumé, ces cas et témoignages ne sont pas seulement des récits de succès passés ; ils sont aussi une carte pour les futures innovations éducatives qui peuvent transformer profondément la société. Ils exhortent tous les intervenants, des éducateurs aux décideurs politiques, à reconnaître et à soutenir l'éducation émotionnelle comme un outil essentiel pour préparer les étudiants à naviguer avec succès et sensibilité dans le monde complexe d'aujourd'hui.

Conclusion

Ce chapitre représente un appel à l'action pour reconnaître et amplifier l'importance de l'éducation émotionnelle. À travers une approche empathique et basée sur le témoignage direct, nous cherchons à inspirer une transformation éducative plaçant l'intelligence émotionnelle au cœur de l'éducation formelle, renforçant ainsi les futures générations de la manière la plus complète et équilibrée possible. Avec un accent sur des cas concrets et des voix authentiques, nous aspirons à tracer un chemin que d'autres pourront suivre, garantissant un impact durable et significatif sur l'éducation mondiale.

CHAPITRE 11 : APPROCHES MULTICULTURELLES DE L'ÉDUCATION ÉMOTIONNELLE

ANALYSE DE DIFFÉRENTS CONTEXTES CULTURELS ET DE LEURS IMPACTS SUR L'ÉDUCATION ÉMOTIONNELLE

L'éducation émotionnelle, lorsqu'elle est bien intégrée, peut s'adapter et résonner à travers différentes cultures, offrant un enrichissement significatif à l'apprentissage et au bien-être des étudiants à l'échelle mondiale. Ce chapitre explore comment l'éducation émotionnelle peut être adaptée et appliquée efficacement dans des contextes multiculturels, en examinant les défis et les opportunités qui se présentent lors de la mise en œuvre de ces programmes dans des réalités culturelles diverses.

Contextes Culturels et Éducation Émotionnelle

Les besoins éducatifs et les attentes comportementales varient considérablement d'une culture à l'autre. Comprendre ces différences est essentiel pour développer et mettre en œuvre des programmes d'éducation émotionnelle qui soient non seulement efficaces mais aussi respectueux des valeurs et des normes sociales locales.

Valeurs Culturelles et Normes Sociales : Impacts sur l'Éducation Émotionnelle

Chaque société est caractérisée par un tissu unique de valeurs culturelles et de normes sociales qui façonnent profondément le comportement humain, y compris la manière dont les émotions sont perçues, exprimées et gérées. Ces différences culturelles ont des implications significatives pour l'éducation émotionnelle, car ce qui est considéré comme une expression émotionnelle acceptable dans une culture peut être perçu différemment dans une autre.

Diversité des Valeurs Émotionnelles

Dans les cultures occidentales, par exemple, valoriser la transparence et l'expression ouverte de ses émotions peut être interprété comme un signe de sincérité et de force. La confrontation directe et l'expression franche de ses sentiments sont souvent encouragées et perçues comme des outils pour construire des relations authentiques et résoudre les conflits.

En revanche, de nombreuses cultures asiatiques, telles que japonaise et coréenne, mettent l'accent sur la modération et le contrôle émotionnel. Dans ces contextes, préserver l'harmonie sociale et maintenir une façade de calme sont des aspects cruciaux de la décence publique. L'expression excessive d'émotions personnelles peut être considérée comme un manque de discipline, ce qui pourrait perturber l'ordre social et les relations interpersonnelles.

1.Implications pour les Éducateurs

Les éducateurs travaillant dans des environnements multiculturels doivent naviguer et respecter ces différences pour mettre en œuvre des programmes d'éducation émotionnelle qui soient culturellement sensibles. Cela aide non seulement à prévenir les malentendus ou les résistances éventuelles, mais aussi à garantir que l'éducation émotionnelle soit efficace et respectueuse des normes culturelles de chaque étudiant. Par exemple :

- **Adaptation des Matériaux Pédagogiques** : Modifier les exercices et les activités pour s'assurer qu'ils reflètent et respectent les normes culturelles des étudiants. Cela peut inclure l'adaptation des scénarios utilisés dans les simulations de gestion émotionnelle pour s'assurer qu'ils sont pertinents et respectueux des différentes traditions culturelles.

- **Formation des Enseignants** : Fournir aux enseignants une formation spécifique incluant une composante de compétence culturelle, leur permettant de comprendre et de naviguer efficacement dans les différentes expressions émotionnelles. Cela est essentiel pour construire un environnement d'apprentissage inclusif et favorable.

- **Dialogue Ouvert** : Créer des espaces où les étudiants et le personnel peuvent explorer et discuter ouvertement des différences culturelles liées à l'expression émotionnelle. Cela aide à construire une atmosphère de respect mutuel et d'apprentissage interculturel.

Reconnaître et valoriser les différences dans les valeurs culturelles et les normes sociales liées à l'expression émotionnelle est essentiel à l'efficacité de l'éducation émotionnelle. Les éducateurs et les concepteurs de programmes doivent continuellement chercher à comprendre ces dynamiques complexes et à adapter leurs méthodes d'enseignement pour répondre aux besoins d'une population étudiante culturellement diversifiée. En faisant cela, ils peuvent contribuer de manière significative à la création d'environnements éducatifs qui enseignent non seulement les compétences émotionnelles mais aussi promeuvent le respect et la compréhension interculturels.

2. Langage Émotionnel : Variations Culturelles et Implications Éducatives

Le langage émotionnel, c'est-à-dire la manière dont les émotions sont décrites et communiquées à travers la parole, joue un rôle crucial dans l'éducation émotionnelle. Les différences linguistiques dans ce domaine peuvent refléter des variations culturelles profondes qui influencent la perception et la gestion des émotions. Les éducateurs travaillant dans des contextes multiculturels doivent naviguer avec sensibilité et précision dans ces différences pour garantir que l'enseignement des compétences émotionnelles soit efficace et inclusif.

Diversité du Vocabulaire Émotionnel

Dans différentes cultures, le vocabulaire disponible pour exprimer les émotions peut varier considérablement. Par exemple, la langue japonaise fait la distinction entre différentes formes de tristesse, chacune avec des nuances spécifiques liées à des contextes sociaux ou personnels. Cela contraste avec des langues telles que l'anglais, où moins de termes sont disponibles pour décrire la même gamme de sentiments avec une telle spécificité. Ces variations ne sont pas seulement linguistiques mais reflètent également différentes façons de vivre et d'interpréter les émotions sur le plan culturel.

Implications pour l'Éducation Émotionnelle

1. Développement de Matériaux Pédagogiques Inclusifs :

Les éducateurs doivent développer des matériaux pédagogiques qui respectent et intègrent la diversité linguistique des émotions. Cela peut signifier utiliser des traductions précises qui capturent les nuances émotionnelles spécifiques d'une langue ou, lorsque cela est possible, adopter une approche visuelle ou situationnelle qui communique les émotions de manière non verbale. Par exemple, l'utilisation d'images, de vidéos ou de scénarios peut aider à surmonter les barrières linguistiques et à fournir des contextes plus universels pour l'interprétation des émotions.

2. Formation des Enseignants sur la Diversité Linguistique :

La formation des enseignants doit inclure des modules qui les sensibilisent aux variations linguistiques liées à l'expression émotionnelle. Cela aidera les enseignants à mieux comprendre comment aborder les discussions sur les émotions avec des élèves issus de différents milieux linguistiques et culturels. Une formation adéquate peut préparer les enseignants à gérer des dynamiques de classe complexes où les émotions sont exprimées de manière culturellement distincte.

3. Promotion du Dialogue Interculturel :

Encourager le dialogue interculturel entre les élèves sur les différentes expressions émotionnelles peut être un puissant outil d'apprentissage. Cela aide non seulement les élèves à comprendre et à respecter les différences culturelles, mais enrichit également leur capacité à exprimer et à gérer leurs propres émotions dans un contexte mondial.

La compréhension des variations linguistiques dans

les expressions émotionnelles est fondamentale pour une éducation émotionnelle efficace dans des contextes multiculturels. Les éducateurs doivent être équipés pour reconnaître et valoriser ces différences, garantissant que chaque élève se sente compris et respecté dans ses expressions émotionnelles. En intégrant la sensibilité linguistique dans l'éducation émotionnelle, non seulement l'expérience d'apprentissage est enrichie, mais les compétences interpersonnelles et interculturelles des élèves sont renforcées, les préparant à naviguer et à prospérer dans un monde diversifié.

Impacts de l'Éducation Émotionnelle dans les Divers Contextes Culturels

1. Sensibilisation Culturelle Accrue grâce à l'Éducation Émotionnelle

L'intégration de l'éducation émotionnelle dans les programmes scolaires est un pas fondamental vers la formation d'étudiants plus conscients et sensibles aux dynamiques culturelles. Dans un monde de plus en plus globalisé et interconnecté, comprendre et respecter les différences culturelles est plus qu'une nécessité ; c'est une compétence essentielle qui peut enrichir considérablement les interactions personnelles et professionnelles des étudiants.

L'éducation émotionnelle aide les élèves à reconnaître

que les réactions émotionnelles et les modes d'expression peuvent varier considérablement d'une culture à l'autre. Par exemple, à travers des activités de jeu de rôle ou des discussions guidées, les élèves peuvent explorer comment la colère est exprimée dans différents contextes culturels et quelles sont les réponses appropriées dans chacun d'eux. Ce type d'apprentissage les aide à développer une empathie plus profonde et une compréhension des nuances émotionnelles qui influencent le comportement des gens.

Apprendre à naviguer dans les complexités des émotions dans des contextes multiculturels prépare les élèves à interagir efficacement avec des personnes d'origines diverses. Les élèves apprennent à interpréter correctement les signaux non verbaux et les expressions émotionnelles qui peuvent différer considérablement d'une culture à l'autre. Par exemple, un sourire dans certaines cultures peut exprimer le bonheur, tandis que dans d'autres, il peut dissimuler un malaise. Cette sensibilité les aide à éviter les malentendus et à construire des relations plus solides et respectueuses avec leurs pairs, leurs enseignants et, à l'avenir, leurs collègues.

L'éducation émotionnelle met l'accent sur le respect de toutes les cultures, encourageant les élèves à voir la diversité comme une ressource plutôt que comme une barrière. À travers des discussions de groupe, des projets de classe qui explorent différentes héritages culturelles, et la célébration d'événements multiculturels, les élèves peuvent enrichir leur compréhension du monde. Cette approche non seulement augmente leur prise de conscience des différences, mais encourage également un engagement actif dans le respect et la valorisation de ces différences.

Intégrer l'éducation émotionnelle dans les programmes scolaires comme une partie régulière de l'enseignement aide à façonner une génération d'étudiants qui non seulement comprend mieux leurs propres émotions et celles des autres, mais qui est également équipée pour vivre et travailler dans un environnement mondial. La capacité de comprendre et de respecter les diverses normes culturelles et les expressions émotionnelles enrichit personnellement les élèves et prépare le terrain pour une société plus cohésive et harmonieuse.

2. Amélioration des Relations Interpersonnelles :

L'éducation émotionnelle joue un rôle crucial dans l'amélioration des relations interpersonnelles des élèves, en leur offrant les outils nécessaires pour comprendre et gérer efficacement leurs propres émotions ainsi que celles des autres. Cette forme d'éducation est particulièrement bénéfique dans les contextes scolaires multiculturels, où la diversité des milieux culturels et sociaux des élèves peut souvent entraîner des défis de communication et des malentendus.

À travers l'éducation émotionnelle, les élèves apprennent comment les émotions influencent le comportement et les interactions quotidiennes, et comment une gestion émotionnelle adéquate peut contribuer à résoudre les conflits et à construire des relations plus fortes et plus résilientes. Ils apprennent à identifier des sentiments tels que l'empathie et la compréhension, essentiels pour naviguer et respecter les différences culturelles qui enrichissent leurs classes et leurs communautés. Ces compétences sont transférables au-delà des murs de l'école, améliorant leurs interactions dans des communautés plus larges et dans leurs futures carrières, où la capacité de comprendre et de se connecter efficacement avec les autres est une ressource inestimable.

De plus, l'éducation émotionnelle encourage les élèves à explorer et à réfléchir sur leurs propres réactions émotionnelles et sur les stratégies d'adaptation, mettant en lumière comment les émotions peuvent être exprimées de manière saine et constructive. Cela aide non seulement à prévenir la détérioration des relations en raison de malentendus ou de réactions impulsives, mais aussi à promouvoir une plus grande harmonie et compréhension au sein de milieux diversifiés.

En résumé, l'intégration de l'éducation émotionnelle dans les programmes scolaires équipe les élèves de compétences vitales pour la vie, améliorant significativement leur capacité d'interaction sociale et de négociation des complexités interpersonnelles dans un monde de plus en plus connecté et culturellement diversifié. Cette formation renforce non seulement les relations internes à l'école, mais prépare également les élèves à devenir des citoyens plus empathiques et conscients dans le contexte mondial.

3. Adaptabilité et résilience:

L'éducation émotionnelle joue un rôle fondamental dans le développement de l'adaptabilité et de la résilience des étudiants, compétences essentielles dans un monde de plus en plus globalisé et interconnecté. Apprendre à comprendre et à naviguer dans les différentes normes émotionnelles et comportementales à travers l'éducation émotionnelle permet aux étudiants de faire face et de s'adapter à une variété de contextes culturels avec plus de flexibilité. Cette compétence est particulièrement précieuse dans des situations qui exigent une adaptabilité rapide et une communication efficace entre des individus de différents milieux culturels.

Avec l'interdépendance croissante économique et sociale entre les pays et les cultures, les étudiants d'aujourd'hui sont de plus en plus susceptibles de se retrouver à travailler dans des environnements internationaux ou multiculturels. L'éducation émotionnelle équipe ces étudiants non seulement avec la capacité de déchiffrer et de respecter les différentes expressions émotionnelles, mais aussi de réagir de manière constructive face aux défis. Par exemple, dans un contexte professionnel international, un employé qui a développé une forte capacité d'adaptation peut naviguer et faciliter efficacement les différences culturelles, contribuant ainsi à créer un environnement de travail plus harmonieux et productif.

De plus, l'éducation émotionnelle renforce la résilience en préparant les étudiants à gérer les pressions et les stress découlant des changements et des défis des environnements en évolution rapide. En enseignant aux étudiants des stratégies de gestion du stress, de régulation des émotions et de renforcement de la persévérance, l'éducation émotionnelle les prépare à faire face aux situations adverses avec détermination et calme.

Enfin, l'apprentissage émotionnel promeut une mentalité ouverte et une approche réfléchie envers les nouveautés et les différences, éléments de plus en plus nécessaires dans un monde qui valorise la diversité comme source d'innovation et de créativité. Les étudiants qui possèdent ces compétences sont mieux équipés non seulement pour réussir dans leur carrière, mais aussi pour contribuer positivement à la société en promouvant l'intégration et la compréhension entre les différentes communautés.

En conclusion, l'éducation émotionnelle est cruciale pour développer l'adaptabilité et la résilience nécessaires pour naviguer et prospérer dans un monde multiculturel. Cette formation prépare les étudiants à relever les défis futurs avec confiance, à travailler efficacement dans des contextes internationaux et à contribuer à la construction de communautés plus inclusives et compréhensives.

Conclusion

Adopter une approche multiculturelle de l'éducation émotionnelle enrichit non seulement le programme scolaire et éducatif, mais prépare également les étudiants à fonctionner efficacement et avec empathie dans un contexte mondial. Les éducateurs et les développeurs de programmes doivent donc travailler pour créer et mettre en œuvre des stratégies qui respectent et valorisent la diversité culturelle, tout en veillant à ce que tous les étudiants reçoivent une éducation émotionnelle qui les soutient dans leur développement personnel et interpersonnel.

CHAPITRE 12 : TECHNOLOGIE ET ÉDUCATION ÉMOTIONNELLE

EFFETS DES MÉDIAS ET DE LA TECHNOLOGIE SUR LE DÉVELOPPEMENT ÉMOTIONNEL ET STRATÉGIES POUR UNE UTILISATION CONSTRUCTIVE

À l'ère numérique, la technologie et les médias jouent un rôle prépondérant dans la vie quotidienne des élèves, influençant significativement leur développement émotionnel et social. Ce chapitre examine comment les différents aspects de la technologie impactent l'éducation émotionnelle et propose des stratégies pour canaliser ces influences de manière à soutenir et enrichir le développement émotionnel des élèves.

Impact des médias numériques

L'ère numérique a entraîné une expansion sans précédent de l'utilisation des médias sociaux et des plateformes numériques, transformant radicalement la manière dont les gens, en particulier les élèves, expriment leurs émotions et interagissent socialement. Ces outils numériques offrent des modes innovants de partage d'expériences et de connexion avec d'autres individus, élargissant les opportunités de soutien et d'expression personnelle. Cependant, malgré les nombreux avantages, l'impact des médias numériques présente également des défis significatifs qui peuvent affecter négativement le développement émotionnel et social des individus.

Un aspect problématique de la communication en ligne est sa nature souvent anonyme ou distante. Cette caractéristique peut rendre plus difficile pour les utilisateurs de percevoir et d'interpréter avec précision les émotions des autres, limitant la capacité à développer de l'empathie. Sans les signaux non verbaux qui accompagnent les interactions en face à face, tels que le langage corporel et le ton de voix, les élèves peuvent trouver plus compliqué de comprendre pleinement les situations émotionnelles, entraînant des malentendus et parfois même des conflits interpersonnels. De plus, l'anonymat peut encourager des comportements moins inhibés, tels que le cyberharcèlement, qui ont des conséquences directes sur le bien-être émotionnel des personnes concernées.

Un autre aspect critique est la surexposition aux informations et stimuli émotionnels à travers les médias numériques. Les élèves sont souvent bombardés par un flux continu de notifications, de mises à jour et de messages qui peuvent être une source de stress et d'anxiété. Cette surcharge d'informations peut conduire à un sentiment de fatigue émotionnelle, rendant difficile pour les élèves de se détacher et de trouver des moments de tranquillité mentale. La connexion constante peut également limiter les opportunités d'auto-réflexion et le développement d'une compréhension interne plus profonde, essentiels pour une maturation émotionnelle saine.

De plus, bien que les médias numériques puissent offrir un sentiment de connexion, cette interaction superficielle ne remplace souvent pas les relations interpersonnelles plus profondes et significatives, qui sont fondamentales pour le soutien émotionnel et le développement social. La dépendance aux médias numériques pour les interactions sociales peut donc entraîner une forme d'isolement paradoxal, où malgré la communication constante, les individus se sentent seuls et déconnectés.

Par conséquent, alors que les médias numériques continuent d'être une présence omniprésente dans la vie des élèves, il est fondamental que les éducateurs et les parents travaillent ensemble pour aider les élèves à naviguer dans leur environnement numérique de manière saine. Cela inclut leur enseigner comment gérer l'utilisation des médias, reconnaître et faire face au stress lié à la technologie, et développer des compétences de communication et d'empathie robustes à la fois en ligne et hors ligne. C'est seulement ainsi que l'on peut espérer atténuer les effets négatifs de la numérisation et exploiter ses nombreux avantages pour soutenir et enrichir le développement émotionnel et social des élèves.

Utilisation constructive de la technologie dans l'éducation émotionnelle

Malgré les défis, la technologie offre également des

outils précieux qui peuvent être utilisés pour enrichir l'éducation émotionnelle. Voici quelques stratégies qui peuvent transformer la manière dont la technologie est intégrée dans le domaine éducatif :

1. Plateformes d'apprentissage interactif:

Développer et mettre en œuvre des plateformes d'apprentissage en ligne incluant des modules interactifs sur l'éducation émotionnelle peut aider les élèves à explorer et à comprendre leurs propres émotions et celles des autres dans un environnement contrôlé. Ces outils peuvent offrir des scénarios de simulation, des jeux de rôle et d'autres activités interactives qui favorisent l'apprentissage émotionnel.

2. Applications de pleine conscience et de gestion du stress:

Incorporer l'utilisation d'applications mobiles qui promeuvent la pleine conscience, la méditation et la gestion du stress peut aider les élèves à développer des compétences d'auto-régulation et à réduire l'anxiété. Ces applications peuvent être utilisées dans le cadre du programme régulier, offrant aux élèves des outils pratiques pour gérer les pressions quotidiennes.

3. Forums en ligne et groupes de soutien:

Créer des espaces en ligne sûrs où les élèves peuvent discuter de leurs expériences émotionnelles, sous la guidance d'un modérateur qualifié, peut favoriser une meilleure compréhension et partage des émotions. Ces forums peuvent servir de soutien supplémentaire aux interventions en classe, permettant aux élèves d'explorer leurs émotions dans un environnement plus anonyme et potentiellement moins intimidant.

Conclusion

Alors que nous progressons dans l'ère numérique, l'importance d'une évolution parallèle dans l'éducation émotionnelle devient de plus en plus évidente. La technologie, en constante évolution, offre des opportunités extraordinaires pour enrichir et élargir la manière dont les élèves apprennent et développent des compétences émotionnelles essentielles. L'intégration de la technologie dans le programme d'éducation émotionnelle facilite non seulement le dépassement des barrières traditionnelles à l'apprentissage, mais crée également une plateforme dynamique et facilement accessible qui stimule le développement des compétences émotionnelles fondamentales pour la vie des élèves.

Par conséquent, les éducateurs doivent rester proactifs et informés des changements rapides et continus dans le paysage technologique afin de pouvoir adapter leurs méthodes pédagogiques de manière efficace. Cela implique une révision constante et une mise à jour des stratégies d'enseignement pour garantir que l'utilisation de la technologie en classe non seulement suit les dernières tendances, mais est également pédagogiquement solide et orientée vers le bien-être émotionnel des élèves.

Intégrer la technologie dans ce domaine nécessite une réflexion critique sur la manière dont elle peut servir au mieux les objectifs éducatifs liés à l'intelligence émotionnelle. Par exemple, l'utilisation d'applications qui promeuvent la pleine conscience et la gestion du stress peut aider les élèves à apprendre à apaiser l'esprit et à réguler leurs émotions. De même, les plateformes en ligne qui facilitent la discussion ouverte et le soutien entre pairs peuvent être des outils précieux pour accroître la compréhension et l'empathie entre des élèves de différents milieux culturels et sociaux.

En mettant en œuvre ces stratégies, les éducateurs peuvent exploiter le potentiel de la technologie pour enrichir significativement l'éducation émotionnelle. Ce faisant, ils préparent les élèves non seulement à naviguer avec succès dans le monde numérique, mais aussi à développer les compétences nécessaires pour relever les défis du monde réel avec résilience et compétence émotionnelle. En fin de compte, l'objectif est d'utiliser la technologie non pas comme une fin en soi, mais comme un outil pour construire des individus plus conscients, capables et émotionnellement intelligents, prêts à contribuer positivement à la société dans un contexte mondial de plus en plus interconnecté.

CHAPITRE 13 : ÉDUCATION ÉMOTIONNELLE POUR ÉDUCATEURS ET PARENTS

FORMATION ET RESSOURCES POUR LES ADULTES POUR AMÉLIORER LEUR COMPÉTENCE ÉMOTIONNELLE

Dans le contexte éducatif d'aujourd'hui, où les émotions et leur gestion jouent un rôle crucial dans le développement des élèves, il est essentiel que non seulement les élèves, mais aussi les adultes — éducateurs et parents — soient adéquatement équipés pour aborder et faciliter les questions émotionnelles. Ce chapitre explore la nécessité d'étendre l'éducation émotionnelle aux adultes, en leur fournissant les ressources et la formation nécessaires pour améliorer leur compétence émotionnelle, ce qui améliore ainsi leur efficacité dans le soutien au développement émotionnel des jeunes.

Nécessité de la compétence émotionnelle chez les adultes

Le développement de la compétence émotionnelle chez les adultes, en particulier chez les éducateurs et les parents, est d'une importance vitale compte tenu de leur rôle significatif dans le façonnement des réponses émotionnelles et des comportements des élèves. Les éducateurs et les parents ne sont pas seulement des figures d'autorité ou de guidance ; ce sont aussi des modèles de référence dont les modes d'expression et de gestion des émotions sont observés et souvent imités par les jeunes. Par conséquent, leur capacité à réguler leurs propres émotions et à gérer efficacement celles des autres est cruciale pour créer un environnement qui soutient non seulement l'apprentissage mais aussi la santé émotionnelle.

Une formation adéquate en compétence émotionnelle pour les adultes doit aller au-delà de la simple prise de conscience de leurs propres émotions. Elle doit inclure des stratégies concrètes pour faire face et résoudre des situations émotionnellement intenses de manière à servir d'exemple positif pour les jeunes. Par exemple, les éducateurs et les parents peuvent être amenés à gérer des conflits, des frustrations et des moments de stress, non seulement personnels mais aussi de ceux qui sont sous leur responsabilité. Apprendre des techniques telles que la respiration profonde, la réflexion consciente et l'utilisation d'un langage positif peut transformer la façon dont ces situations sont résolues.

De plus, une formation efficace devrait aider les adultes à reconnaître les signaux de détresse émotionnelle chez les élèves et à leur fournir les outils pour intervenir de manière appropriée. Cela aide non seulement à prévenir l'escalade de crises potentielles, mais établit également un climat de confiance et de sécurité où les élèves se sentent compris et soutenus dans leurs difficultés émotionnelles.

La compétence émotionnelle chez les adultes nécessite

donc un engagement actif et continu dans leur développement personnel et professionnel. Il ne s'agit pas seulement d'assister à un séminaire ou de lire un livre ; c'est un processus constant d'apprentissage, de pratique et de réflexion qui devrait être intégré à la culture professionnelle des institutions éducatives et aux pratiques familiales. Les avantages de cette formation vont bien au-delà des murs de la classe ou de la maison, influençant la capacité des élèves à interagir socialement, à relever des défis personnels et, finalement, à prospérer dans un environnement de plus en plus complexe et émotionnellement chargé.

Formation en éducation émotionnelle pour adultes

La formation en éducation émotionnelle pour adultes, en particulier pour les éducateurs et les parents, joue un rôle critique dans le renforcement des compétences pour gérer et médiatiser efficacement les dynamiques émotionnelles tant en milieu scolaire que familial. Ces programmes de formation doivent être bien structurés et polyvalents, couvrant un large éventail de compétences comprenant la conscience de soi, la gestion des émotions, la communication empathique et la résolution des conflits. L'objectif est d'équiper les adultes avec les outils nécessaires pour aborder de manière constructive et éclairée les défis émotionnels quotidiens.

Les ateliers pratiques sont essentiels pour la

formation émotionnelle, car ils offrent aux adultes l'occasion de vivre directement les techniques de gestion émotionnelle dans un environnement contrôlé et de soutien. Ces ateliers peuvent inclure des activités telles que le jeu de rôle, où les participants peuvent pratiquer des réponses à des situations stressantes ou conflictuelles, ou des exercices de pleine conscience qui aident à développer une plus grande conscience de leurs propres réactions émotionnelles. Ces sessions sont particulièrement utiles car elles permettent de réfléchir à des situations réelles dans un environnement sûr, recevant des retours immédiats de facilitateurs expérimentés.

Les séminaires offrent une vue d'ensemble plus théorique mais sont tout aussi cruciaux, abordant des sujets tels que la psychologie des émotions, les techniques d'écoute active et les stratégies de communication non violente. Ces séminaires doivent être animés par des professionnels qualifiés qui peuvent offrir des insights approfondis et à jour sur les meilleures pratiques en éducation émotionnelle. La formation théorique est essentielle pour comprendre les principes sous-jacents des techniques pratiques et pour apprécier l'importance de leur application quotidienne.

L'accès à des ressources en ligne constitue un élément flexible et facilement accessible de la formation en éducation émotionnelle. Les plateformes d'apprentissage en ligne, les tutoriels vidéo, les articles spécialisés et les forums de discussion peuvent soutenir l'apprentissage continu et permettre aux éducateurs et aux parents d'approfondir leurs connaissances et compétences émotionnelles de manière autonome. Ces ressources doivent être régulièrement mises à jour pour refléter les dernières recherches et tendances en psychologie émotionnelle et en éducation.

Pour rendre la formation en éducation émotionnelle vraiment efficace, il est essentiel que les compétences apprises soient régulièrement pratiquées. Les adultes devraient être encouragés à mettre en œuvre les techniques de gestion émotionnelle dans leur routine quotidienne, à la fois à l'école et à la maison, garantissant ainsi qu'elles deviennent une partie intégrante de leur approche éducative et relationnelle. Un soutien continu, tel que des séances de suivi ou un coaching individuel, peut aider à maintenir les normes et à renforcer l'application des compétences dans le temps.

Impacts de la formation émotionnelle pour adultes

La mise en œuvre de programmes de formation émotionnelle pour adultes peut entraîner des avantages significatifs et mesurables qui vont bien au-delà des salles de classe, influençant également de manière positive les environnements familiaux. Les éducateurs, dotés d'une meilleure compréhension et gestion des dynamiques émotionnelles, sont en mesure de créer un environnement d'apprentissage plus calme et plus favorable. Cela facilite non seulement une éducation plus efficace, mais favorise également un climat scolaire où les conflits et les malentendus sont considérablement réduits. La capacité à gérer les émotions en classe aide non seulement à maintenir la concentration sur les objectifs pédagogiques, mais contribue également au bien-être général des élèves, faisant de l'école un lieu de croissance personnelle ainsi qu'académique.

Pour les parents, acquérir une compétence émotionnelle accrue est essentiel pour soutenir leurs enfants à travers différentes phases de développement et de défis. La capacité à comprendre et à répondre efficacement aux besoins émotionnels des enfants peut faire une grande différence, surtout en période de stress, de changement ou de difficulté. Les parents émotionnellement compétents sont mieux équipés pour fournir un soutien, une guidance et un réconfort à leurs enfants, établissant une base solide de confiance et de sécurité qui soutient le développement psychologique et émotionnel de l'enfant.

De plus, les éducateurs et les parents qui incarnent et pratiquent les principes de l'éducation émotionnelle offrent des modèles de comportement précieux pour les jeunes. Leur capacité à gérer leurs propres émotions de manière saine et constructive sert d'exemple pratique pour les élèves et les enfants, qui apprennent par l'observation et l'imitation. Ce modèle positif est crucial pour enseigner aux jeunes comment naviguer dans leurs émotions et leurs relations de manière à promouvoir le respect de soi et des autres.

En fin de compte, la formation émotionnelle pour adultes contribue à créer une communauté plus empathique et consciente. Les éducateurs et les parents deviennent non seulement les gardiens du savoir académique ou les gardiens de leurs enfants, mais aussi des guides émotionnels qui peuvent naviguer et faciliter des interactions humaines complexes. Cela établit un cycle vertueux de croissance émotionnelle, sociale et éducative, où les adultes et les enfants se développent ensemble dans un environnement qui valorise et pratique l'intelligence émotionnelle comme une composante essentielle de la vie quotidienne. En mettant en œuvre et en soutenant ces programmes de formation, les sociétés peuvent s'attendre à voir des améliorations non seulement dans le domaine de l'éducation et de la famille, mais dans tous les domaines de la vie sociale et professionnelle.

Conclusion

Étendre l'éducation émotionnelle aux adultes est une étape essentielle vers la création d'une communauté éducative plus attentive et consciente. Grâce à une formation adéquate et à des ressources continues, les éducateurs et les parents peuvent considérablement améliorer leur impact sur le bien-être émotionnel des élèves, renforçant ainsi les générations futures avec les compétences nécessaires pour naviguer dans le paysage émotionnel complexe du monde moderne.

CHAPITRE 14 : INTERVENTIONS BASÉES SUR L'ÉCOLE ET DANS LA COMMUNAUTÉ

DESCRIPTION DE PROGRAMMES À SUCCÈS ET GUIDE POUR LEUR IMPLÉMENTATION

Au cœur de nos sociétés, les écoles et les communautés locales jouent un rôle crucial non seulement dans l'éducation, mais aussi dans la formation des fondations culturelles et sociales des générations futures. Ce chapitre explore en profondeur les interventions basées sur l'école et dans la communauté qui ont démontré un succès remarquable dans la promotion de la croissance et du bien-être collectif, offrant un guide détaillé pour leur mise en œuvre.

La Genèse de l'Innovation Éducative

La genèse de l'innovation éducative est profondément enracinée dans les besoins spécifiques et souvent pressants des communautés. Ces besoins émergents agissent comme des catalyseurs pour le développement d'interventions créatives et ciblées, qui sont essentielles pour aborder des problèmes aigus tels que l'isolement social, les disparités éducatives et le manque de ressources essentielles pour un apprentissage efficace. La collaboration entre divers secteurs de la communauté, y compris les éducateurs, les experts en politiques publiques et les membres actifs de la communauté, est fondamentale dans ce processus. C'est par cet engagement conjoint que des solutions novatrices peuvent émerger, capables de transformer le paysage éducatif.

Le succès de ces programmes dépend largement de leur capacité à tisser la sagesse locale et les ressources disponibles avec les dernières recherches et innovations dans le domaine de l'éducation. Les communautés locales, avec leur connaissance profonde du contexte socio-culturel et des défis spécifiques internes, offrent un terrain fertile pour adapter les pratiques éducatives les plus avancées aux réalités locales. Cette symbiose entre la connaissance locale et l'innovation mondiale conduit à la création de programmes hautement efficaces qui répondent non seulement de manière opportune aux problèmes immédiats, mais posent également les bases d'un changement durable à long terme.

Par exemple, un programme visant à lutter contre l'isolement social des élèves pourrait intégrer des technologies numériques avancées pour créer des réseaux de soutien entre pairs et des plateformes d'apprentissage collaboratif. De même, pour aborder les inégalités éducatives, les programmes pourraient utiliser des approches basées sur l'équité, telles que la distribution de ressources pédagogiques personnalisées et l'accès à des tutorats et des soutiens de formation spécifiques pour les élèves issus de milieux moins favorisés. Enfin, le manque de ressources peut être adressé par le biais d'initiatives qui mobilisent un soutien financier et humain à la fois au niveau local et international, garantissant que les écoles disposent des outils nécessaires pour fournir une éducation de qualité.

En conclusion, l'innovation éducative ne naît pas dans le vide, mais est le résultat d'un dialogue constructif entre la théorie avancée et la pratique quotidienne, entre la recherche mondiale et les connaissances locales. C'est cette approche holistique et collaborative qui peut véritablement transformer les interventions éducatives de simples réponses à des problèmes immédiats en catalyseurs de changement profond et durable, capables de renouveler et d'enrichir les communautés de manière durable et inclusive.

Description de Programmes à Succès

1. **Programmes de Mentorat entre Pairs** : Ces programmes connectent les étudiants plus âgés avec les plus jeunes, offrant un soutien, un encadrement et un modèle de comportement positif. Par exemple, le programme "Leader in Me" a montré des améliorations significatives dans le comportement des étudiants et leurs performances académiques, inculquant confiance et compétences en leadership chez les participants.

2. **Initiatives d'Apprentissage Basé sur la Communauté** : Des programmes tels que le "Service Learning" intègrent l'apprentissage académique avec le service à la communauté, promouvant l'éducation civique et l'engagement social. Ces programmes aident

les étudiants à comprendre les liens entre leurs études et le monde réel, enrichissant leur apprentissage et renforçant le lien communautaire.

3. **Ateliers sur la Résilience et la Gestion du Stress**: Développés pour aider les élèves à gérer le stress quotidien, ces ateliers utilisent des techniques telles que la pleine conscience, la méditation et la programmation neurolinguistique pour enseigner aux élèves comment faire face aux pressions de manière productive.

Guide pour l'Implémentation

Pour mettre en œuvre avec succès ces interventions, il est essentiel de suivre plusieurs étapes stratégiques :

1. **Évaluation des Besoins** : Identifier les besoins spécifiques des élèves et de la communauté pour garantir que les interventions soient pertinentes et ciblées. Cela peut être fait par le biais de sondages, de groupes de discussion et d'analyses des données existantes.

2. **Engagement Communautaire**: Assurer la participation de toutes les parties prenantes, y compris les étudiants, les parents, les enseignants et

les membres de la communauté, dans le processus de planification et de mise en œuvre. Leur engagement est crucial pour le succès et la durabilité du programme.

3. **Formation Continue** : Offrir une formation régulière et un soutien aux éducateurs et au personnel pour s'assurer qu'ils sont équipés pour mettre en œuvre le programme efficacement. La formation devrait inclure le développement de compétences spécifiques telles que la gestion de classe et la communication empathique.

4. **Suivi et Évaluation**: Mettre en place un système robuste pour suivre les progrès et évaluer l'impact des interventions. Cela devrait inclure la collecte de commentaires et la mesure des résultats à travers des indicateurs clairs et quantifiables.

Conclusion

Intégrer de manière efficace et stratégique ces innovations dans les écoles et les communautés représente une réponse solide aux besoins éducatifs et sociaux émergents, agissant comme un catalyseur pour des transformations positives qui influent sur tous les aspects de la vie des étudiants. Ces interventions, lorsqu'elles sont soigneusement conçues et mises en œuvre, ne se limitent pas à résoudre des problèmes immédiats, mais ouvrent la voie à un processus de renouvellement continu qui impacte profondément l'environnement éducatif et social environnant. En adoptant ces stratégies, les institutions éducatives peuvent devenir des centres d'excellence qui élèvent non seulement les normes académiques, mais qui promeuvent également le bien-être global et le développement social de leurs étudiants. Elles servent d'exemples éclatants de la manière dont l'éducation peut être réinventée pour être plus inclusive, équitable et holistique, abordant simultanément les défis éducatifs et plus larges de la société. Les écoles et les communautés qui embrassent ces initiatives démontrent comment l'éducation peut s'étendre au-delà des frontières traditionnelles du savoir académique pour inclure l'apprentissage social et émotionnel qui prépare les étudiants à naviguer avec succès et résilience dans le monde moderne.

La conception et la mise en œuvre de ces interventions nécessitent un engagement conjoint des éducateurs, des leaders communautaires, des décideurs politiques, et surtout, des étudiants eux-mêmes. Chaque intervenant a un rôle vital à jouer dans le modèle de cette transformation, apportant sa propre perspective unique et son expertise. Le succès de ces initiatives dépend non seulement de leur efficacité théorique, mais aussi de leur capacité à être adaptées et appliquées dans des contextes locaux spécifiques, tenant compte des différents besoins et ressources disponibles.

En conclusion, les interventions basées sur l'école et

dans la communauté représentent plus que de simples solutions à des problèmes ponctuels ; elles sont le fondement sur lequel construire un avenir éducatif qui valorise et promeut le potentiel humain sous toutes ses formes. En les mettant en œuvre, nous répondons non seulement aux besoins actuels, mais nous posons les bases pour des générations futures plus éclairées, résilientes et capables de relever et de transformer les défis de leur époque. Ces interventions transforment non seulement les écoles et les communautés en lieux d'apprentissage, mais aussi en incubateurs d'espoir et d'innovation pour un monde meilleur.

CHAPITRE 15 : MESURER LE SUCCÈS DE L'ÉDUCATION EMOTIONNELLE

MÉTHODES POUR ÉVALUER L'EFFICACITÉ DES INITIATIVES ÉDUCATIVES ÉMOTIONNELLES

La mesure du succès des initiatives éducatives émotionnelles est essentielle pour déterminer l'efficacité des politiques et des pratiques mises en œuvre dans les écoles et les communautés. Ce chapitre explore en détail les méthodes et les outils pouvant être utilisés pour évaluer de manière systématique et scientifique les progrès et l'impact de l'éducation émotionnelle, garantissant que les interventions répondent non seulement aux attentes, mais contribuent également concrètement au bien-être émotionnel des étudiants.

Approches d'Évaluation

1. **Évaluations Quantitatives**: Les évaluations quantitatives constituent un pilier fondamental de la mesure de l'efficacité des initiatives d'éducation émotionnelle. Ces méthodes, qui incluent l'utilisation de questionnaires et d'échelles d'évaluation standardisées, sont des outils indispensables pour la collecte de données numériques reflétant divers aspects des progrès émotionnels des étudiants. En utilisant ces outils, il est possible d'obtenir des mesures précises et objectives pouvant servir de base à

des analyses approfondies et à des décisions éclairées concernant le parcours éducatif entrepris.

Par exemple, les questionnaires peuvent être conçus pour évaluer des compétences émotionnelles spécifiques telles que la conscience de soi, qui est la capacité des étudiants à reconnaître et à comprendre leurs propres émotions et comment elles influencent leur comportement. D'autres questionnaires peuvent enquêter sur la capacité des étudiants à gérer efficacement le stress, une compétence cruciale dans l'environnement scolaire moderne où les étudiants se retrouvent souvent à jongler avec de nombreuses tâches et pressions. De plus, ils peuvent être utilisés pour évaluer l'efficacité des techniques de résolution de conflits enseignées, offrant un aperçu de la capacité des étudiants à appliquer ces méthodes dans des situations réelles, contribuant ainsi à créer un environnement d'apprentissage plus harmonieux et productif.

Ces outils quantitatifs mesurent non seulement l'efficacité des interventions d'éducation émotionnelle, mais identifient également les domaines nécessitant des améliorations supplémentaires. Par exemple, si les données recueillies montrent que les étudiants continuent à éprouver des difficultés à gérer le stress malgré la formation reçue, cela indique la nécessité de revoir et éventuellement d'intensifier les stratégies d'intervention dans ce domaine spécifique.

L'objectivité et la précision des données recueillies par le biais d'évaluations quantitatives sont d'une importance vitale pour garantir que les décisions prises sont fondées sur des informations concrètes plutôt que sur des impressions subjectives. Cette approche analytique permet aux éducateurs de suivre les progrès au fil du temps, fournissant une série de données comparables pouvant être utilisées pour suivre les tendances, effectuer des comparaisons et, finalement, justifier l'efficacité des interventions éducatives mises en œuvre.

En résumé, les évaluations quantitatives sont essentielles pour fournir une vision claire et mesurable du succès des politiques d'éducation émotionnelle. Étant basées sur des outils standardisés et des méthodes scientifiquement reconnues, elles offrent une base de données solide qui peut être décisive pour le développement et le raffinement continus des stratégies éducatives, garantissant que chaque étudiant puisse bénéficier pleinement des interventions proposées et atteindre son plein potentiel émotionnel et académique.

2. **Évaluations Qualitatives**: Les évaluations qualitatives constituent un élément essentiel dans le contexte de la mesure de l'efficacité de l'éducation émotionnelle, complémentaires aux méthodologies quantitatives. Ces approches, qui incluent des techniques telles que les entretiens approfondis, les groupes de discussion et l'analyse des études de cas, sont des outils inestimables pour obtenir une compréhension plus profonde et nuancée de l'impact réel de l'éducation émotionnelle sur les étudiants. À travers ces méthodes, il est possible de capturer les

expériences, les perceptions et les réactions individuelles des étudiants de manière qui ne serait pas réalisable uniquement à travers des données numériques.

Par exemple, les entretiens individuels offrent l'opportunité d'explorer en détail les réflexions personnelles des étudiants sur les programmes d'éducation émotionnelle auxquels ils ont participé. Ces conversations peuvent révéler comment les étudiants appliquent les compétences émotionnelles apprises dans la gestion des émotions dans la vie quotidienne et quelles sont les défis qu'ils rencontrent pour le faire. Les étudiants peuvent partager des histoires personnelles illustrant comment leur capacité à réguler leurs émotions a influencé leurs performances académiques ou leurs relations avec leurs pairs et enseignants.

Les groupes de discussion, quant à eux, fournissent une plateforme dynamique pour les étudiants pour réfléchir collectivement à l'éducation émotionnelle. Ces réunions facilitent un dialogue ouvert entre des étudiants de différents âges et milieux, leur permettant d'exprimer et de comparer leurs expériences. À travers l'interaction de groupe, les étudiants peuvent apprendre les uns des autres et développer une compréhension plus riche des différentes façons dont les compétences émotionnelles peuvent être intégrées et manifestées dans la vie quotidienne.

Les analyses de cas, en utilisant des exemples spécifiques tirés de l'environnement scolaire ou communautaire, peuvent également fournir un contexte réel pour évaluer l'efficacité des stratégies d'éducation émotionnelle. Ces analyses peuvent explorer des situations spécifiques où les compétences émotionnelles ont été particulièrement efficaces ou des cas où elles n'ont pas eu l'effet souhaité, offrant ainsi des pistes critiques pour des améliorations futures.

Ensemble, ces techniques qualitatives enrichissent non seulement la compréhension de l'efficacité des programmes d'éducation émotionnelle, mais aident également à personnaliser davantage ces programmes pour mieux répondre aux besoins des étudiants. Elles offrent une vision détaillée de la manière dont les compétences émotionnelles influencent le comportement quotidien et les relations interpersonnelles des étudiants, et comment ces compétences peuvent être optimisées pour promouvoir un bien-être général plus élevé. En collectant ces riches informations qualitatives, les éducateurs peuvent affiner leurs méthodes d'enseignement et développer des interventions plus ciblées qui répondent efficacement aux défis émotionnels des étudiants, faisant de l'éducation émotionnelle un pilier encore plus solide du curriculum scolaire.

Indicateurs de Succès

Pour évaluer efficacement le succès de l'éducation émotionnelle, il est essentiel d'établir des indicateurs clairs et mesurables. Les indicateurs peuvent inclure :

- **Amélioration de la Gestion des Émotions** : La capacité des étudiants à identifier, comprendre et réguler leurs propres émotions dans différents contextes.

- **Augmentation de l'Empathie** : Améliorations dans la capacité des étudiants à identifier et à répondre de manière appropriée aux émotions des autres.

- **Réduction des Conflits** : Une diminution de la fréquence et de l'intensité des conflits entre étudiants, indiquant une meilleure capacité de négociation et de compréhension mutuelle.

- **Amélioration du Bien-être Psychosocial** : Indicateurs de bien-être général, comprenant la réduction du stress, l'amélioration de l'estime de soi et l'augmentation de la satisfaction scolaire.

Stratégies de Mise en Œuvre et de Suivi

Une fois les méthodes et les indicateurs établis, il est important d'intégrer l'évaluation en tant que composante régulière du processus éducatif. Cela comprend :

- **Formation Continue pour les Éducateurs** : S'assurer que les enseignants et le personnel scolaire reçoivent une formation régulière sur les méthodes d'évaluation et l'interprétation des résultats.

- **Feedback Constant** : Utiliser les résultats des

évaluations pour fournir des retours constructifs aux étudiants et aux éducateurs, facilitant un dialogue continu sur la manière d'améliorer davantage les pratiques éducatives.

- **Ajustement et Adaptation** : S'appuyer sur les données collectées pour affiner et adapter les stratégies d'éducation émotionnelle afin qu'elles répondent plus efficacement aux besoins des étudiants.

Conclusion

L'évaluation du succès de l'éducation émotionnelle représente un défi complexe mais essentiel, nécessitant dévouement, précision méthodologique et une volonté constante d'amélioration. Ce processus d'évaluation est crucial non seulement pour confirmer l'efficacité des stratégies éducatives mises en œuvre, mais aussi pour garantir que l'environnement d'apprentissage évolue constamment pour soutenir et renforcer le développement émotionnel des étudiants.

Pour obtenir des résultats valides et fiables, il est essentiel d'adopter une approche méthodique et structurée de l'évaluation, intégrant à la fois des méthodes quantitatives et qualitatives. Ces outils d'évaluation doivent être conçus pour mesurer avec précision les compétences émotionnelles des étudiants et leur impact sur leur vie quotidienne. Grâce à l'utilisation de questionnaires standardisés, d'entretiens, de discussions de groupe et d'analyses de cas, les éducateurs peuvent obtenir une vue d'ensemble complète et multidimensionnelle de l'efficacité des programmes d'éducation émotionnelle.

Cet engagement dans la surveillance et l'évaluation continue garantit non seulement que les interventions sont appropriées et opportunes, mais facilite également un environnement d'apprentissage dynamique dans lequel les étudiants et les éducateurs sont activement impliqués dans le processus de croissance personnelle et collective. L'évaluation continue aide à identifier les domaines de succès et ceux nécessitant des améliorations supplémentaires, fournissant des données cruciales pouvant guider la révision et la mise à jour des stratégies d'enseignement.

De plus, ce processus de réflexion et d'évaluation continue confirme la validité des approches pédagogiques adoptées et encourage une recherche constante d'innovation et d'amélioration. Cela enrichit non seulement la pratique de l'éducation émotionnelle mais élève l'éducation en général, la rendant un processus plus inclusif, réactif et adapté aux besoins de tous les étudiants.

En conclusion, l'évaluation de l'éducation émotionnelle est plus qu'un simple outil de mesure ; c'est un catalyseur de changement et d'innovation dans le domaine éducatif. Grâce à un engagement continu dans cette pratique, il est possible non seulement d'améliorer la qualité de l'éducation émotionnelle, mais aussi de contribuer à former des individus plus conscients, empathiques et capables de naviguer avec succès les défis du monde moderne. Cela fait de l'évaluation un élément indispensable de la stratégie éducative, essentiel pour préparer les étudiants à mener des vies satisfaisantes et enrichissantes.

ANNEXE : RESSOURCES ADDITIONNELLES

LISTE DE RESSOURCES UTILES POUR APPROFONDIR DAVANTAGE ET POUR DU MATÉRIEL PRATIQUE

Dans le contexte d'une éducation continue et du développement personnel et professionnel, la disponibilité de ressources fiables et approfondies est fondamentale. Cette annexe est dédiée à fournir une liste sélectionnée de ressources utiles pouvant être utilisées pour enrichir davantage la compréhension et la pratique de l'éducation émotionnelle. Les éducateurs, les étudiants et les parents peuvent utiliser ces outils pour explorer des aspects de l'éducation émotionnelle plus en détail, appliquer les connaissances acquises de manière pratique ou simplement élargir leur répertoire de compétences émotionnelles.

Livres et Publications Académiques

1. "L'intelligence émotionnelle" de Daniel Goleman : Ce livre fondamental offre un aperçu approfondi de l'intelligence émotionnelle, discutant de son impact sur le leadership, le succès personnel et les relations interpersonnelles.

2. "Le Langage des Emotions" de Karla McLaren : Ce guide explore comment gérer une variété d'émotions

complexes en utilisant la conscience émotionnelle et des techniques pratiques.

3. Revues académiques telles que le "Journal of Emotional and Behavioral Disorders" et "Emotion Review" : Ces publications fournissent des études et des recherches à jour sur les dernières découvertes dans le domaine de l'éducation émotionnelle et de la psychologie émotionnelle.

Ressources en Ligne

1. Greater Good Science Center (Université de Californie, Berkeley) : Un portail offrant des articles, des vidéos et des quiz pour mieux comprendre et pratiquer l'éducation émotionnelle.

2. Edutopia : Une plateforme riche en ressources pédagogiques couvrant divers aspects de l'éducation inclusive et des stratégies pour mettre en œuvre l'éducation émotionnelle dans les écoles.

3. Coursera et EdX : Ces sites proposent des cours en ligne dispensés par des universités de prestige sur des sujets allant de la psychologie positive à l'intelligence émotionnelle, accessibles aux éducateurs et aux étudiants du monde entier.

Outils Pratiques et Applications

1. Headspace et Calm : Des applications de pleine

conscience et de méditation offrant des outils pratiques pour la gestion du stress et la réflexion personnelle.

2. L'Application Mood Meter : Une application développée par le Yale Center for Emotional Intelligence qui aide les utilisateurs à identifier, exprimer et réguler leurs émotions en temps réel.

Ateliers et Conférences

1. Conférences annuelles sur l'intelligence émotionnelle : Des événements réunissant des professionnels de l'industrie, des éducateurs et des chercheurs pour discuter des dernières tendances et recherches dans le domaine de l'éducation émotionnelle.

2. Ateliers locaux et séminaires : Souvent organisés par des universités ou des centres éducatifs, ces rencontres offrent une formation pratique et la possibilité de réseauter entre éducateurs et professionnels de l'industrie.

Communauté et Forums

1. Groupes LinkedIn et Facebook sur l'éducation émotionnelle : Ces plateformes sociales permettent de partager des ressources, de poser des questions et de discuter de sujets liés à l'éducation émotionnelle avec

une communauté mondiale.

2. Reddit et Quora : Des sites où les experts et les passionnés peuvent échanger des idées, résoudre des doutes et discuter de diverses questions liées à l'éducation émotionnelle.

L'accès à ces ressources offre des opportunités précieuses à toute personne intéressée par le développement de compétences dans le domaine de l'éducation émotionnelle, fournissant une base solide pour la croissance personnelle et professionnelle continue. L'utilisation de ces ressources peut enrichir considérablement l'expérience éducative, soutenant et favorisant un environnement d'apprentissage plus conscient et intégré.

GLOSSAIRE

DÉFINITIONS DES TERMES CLÉS UTILISÉS DANS LE LIVRE

Le glossaire suivant est conçu pour offrir une compréhension claire et précise des termes clés utilisés dans le contexte de l'éducation émotionnelle. Ces définitions sont essentielles pour une interprétation correcte des concepts discutés dans le livre et fournissent un point de référence fiable pour les éducateurs, les étudiants et les lecteurs intéressés par le sujet.

Intelligence Émotionnelle

Intelligence Émotionnelle : La capacité de reconnaître, comprendre, gérer et utiliser ses propres émotions et celles des autres de manière efficace. Cette compétence est fondamentale pour la communication interpersonnelle, la gestion du stress et la prise de décision.

Conscience Émotionnelle

Conscience Émotionnelle : La conscience de reconnaître et de comprendre ses propres sentiments et ceux des autres. C'est un élément critique de l'intelligence émotionnelle qui aide les individus à naviguer dans les interactions sociales et personnelles.

Régulation Émotionnelle

Régulation Émotionnelle : Le processus par lequel les individus influencent quelles émotions ils ressentent, quand ils les ressentent et comment ils expérimentent et expriment ces émotions. Cette capacité est vitale pour maintenir l'équilibre émotionnel et faire face efficacement aux défis de la vie quotidienne.

Empathie

Empathie : La capacité de comprendre et de partager les sentiments d'une autre personne. L'empathie est fondamentale pour construire des relations interpersonnelles solides et pour favoriser des environnements inclusifs et solidaires.

Communication Empathique

Communication Empathique : Un style de communication qui implique une écoute active et une réponse qui reflète la compréhension des émotions de l'interlocuteur. Elle est essentielle pour la résolution des conflits et la construction de relations basées sur le respect mutuel et la compréhension.

Résolution des Conflits

Résolution des Conflits : Un ensemble de compétences et de techniques utilisées pour résoudre les désaccords de manière constructive, sans causer de dommages supplémentaires et en favorisant éventuellement un résultat positif. Cela implique l'utilisation de l'empathie, de la négociation et de la communication non violente.

Mindfulness

Mindfulness : La pratique d'être conscient et présent dans le moment présent, sans jugement. La mindfulness est souvent utilisée dans les écoles comme un outil pour aider les étudiants et les éducateurs à gérer le stress et à améliorer la concentration.

Auto-efficacité Émotionnelle

Auto-efficacité Émotionnelle : La croyance d'un individu en sa capacité à gérer et à contrôler efficacement ses propres émotions. Cette confiance est cruciale pour faire face à des défis émotionnels complexes et pour poursuivre des objectifs personnels et professionnels.

Croissance Émotionnelle

Croissance Émotionnelle : Le processus de développement et de maturation des compétences émotionnelles d'un individu, qui permet une meilleure gestion des situations de vie et des interactions sociales.

Éducation Émotionnelle

Éducation Émotionnelle : Une approche pédagogique qui intègre l'enseignement des compétences émotionnelles dans le curriculum scolaire, dans le but de développer l'intelligence émotionnelle, l'empathie et d'autres compétences sociales chez les jeunes.

Ce glossaire non seulement enrichit la compréhension des termes utilisés mais sert également d'outil essentiel pour ceux qui souhaitent appliquer des concepts d'éducation émotionnelle dans des contextes éducatifs, professionnels ou personnels. En utilisant ces définitions comme base, les lecteurs peuvent approfondir leur compréhension des dynamiques émotionnelles et améliorer leur capacité à interagir efficacement avec les autres.

RÉFLEXION FINALE

Alors que nous arrivons à la fin de ce voyage à travers l'éducation émotionnelle, il est essentiel de réfléchir au pouvoir transformateur que les compétences émotionnelles peuvent avoir sur la vie des individus et des communautés. Ce livre a exploré l'importance cruciale de l'intelligence émotionnelle dans le domaine éducatif et au-delà, démontrant comment une solide éducation émotionnelle peut poser les bases d'une société plus consciente, compatissante et résiliente.

Nous avons découvert ensemble comment les compétences émotionnelles influencent profondément la manière dont les élèves apprennent, interagissent et se développent. Nous avons vu que l'enseignement de la conscience, de la régulation et de l'empathie améliore non seulement l'environnement scolaire, mais prépare également les jeunes à devenir des citoyens attentifs et responsables dans un monde complexe et en évolution rapide. Les histoires et les exemples partagés dans ces pages illustrent comment l'éducation émotionnelle peut toucher et transformer chaque aspect de la vie humaine, des relations personnelles au succès professionnel.

De plus, nous avons discuté de l'évaluation de l'efficacité des interventions émotionnelles et de l'importance de mettre en œuvre des stratégies à la fois inclusives et adaptatives. L'apprentissage continu et l'adaptation sont vitaux, car la nature même des émotions est fluide et le contexte social dans lequel nous vivons est en constante évolution.

En conclusion, ce livre ne vise pas seulement à être un recueil de théories et de stratégies, mais un appel à l'action. C'est un appel aux éducateurs, aux parents, aux décideurs politiques et à tous les individus pour reconnaître et valoriser le rôle des émotions dans l'apprentissage et dans la vie. C'est un appel à prendre des mesures concrètes pour intégrer l'éducation émotionnelle dans les programmes scolaires, dans la formation professionnelle et dans les pratiques quotidiennes.

L'éducation émotionnelle est plus qu'un simple composant de l'éducation ; c'est une clé essentielle pour libérer le potentiel humain et pour construire un avenir où chaque personne peut s'épanouir. Avec engagement, passion et une compréhension profonde du pouvoir des émotions, nous pouvons aspirer à créer un monde où l'éducation du cœur est aussi valorisée que celle de l'esprit. Et dans cet esprit, nous invitons chaque lecteur à devenir un ambassadeur de l'éducation émotionnelle, en diffusant la connaissance et la pratique de ces compétences vitales dans chaque coin du globe.

Visitez www.libriutili.it

Cher lecteur,

Nous espérons que vous avez trouvé de l'inspiration et de l'utilité dans les pages de ce livre. Si votre soif de connaissance et de croissance personnelle n'est pas encore étanchée, nous avons une surprise spéciale pour vous !

Nous vous invitons à explorer le monde de LuminaLibria sur www.libriutili.it, où un univers de livres vous attend. LuminaLibria est une oasis pour tous les types de lecteurs, offrant une vaste gamme de genres qui enrichiront votre expérience de lecture.

Pour les petits explorateurs : Parcourez notre collection de livres pour enfants et d'histoires pour enfants, parfaits pour stimuler l'imagination et la curiosité des plus jeunes.

Pour l'art et la relaxation : Laissez-vous captiver par nos livres à colorier pour adultes et enfants, un moyen créatif de se détendre et de s'exprimer.

Pour la croissance personnelle : Explorez nos livres d'auto-assistance, de croissance personnelle et de biographies, pour vous inspirer et vous motiver dans votre parcours de vie.

Pour les esprits curieux : Approfondissez votre voyage spirituel avec nos livres sur les thèmes spirituels.

Ceci n'est qu'une petite partie de ce que LuminaLibria a à offrir. Nous croyons que chaque livre est une fenêtre sur de nouveaux mondes, idées et possibilités. Que vous recherchiez l'aventure, la connaissance ou l'inspiration, vous trouverez un livre qui parle à votre cœur sur www.libriutili.it. Et n'oubliez pas, sur le site, vous trouverez des livres en italien, anglais et espagnol.

Scannez le code QR ci-dessous pour commencer votre voyage dans le monde des livres de LuminaLibria.

Merci de nous avoir accompagnés dans ce voyage de découverte et de croissance. Nous sommes impatients de vous voir explorer encore plus avec LuminaLibria.

Bonne lecture et continuez à explorer !

L'équipe de LuminaLibria

www.ingramcontent.com/pod-product-compliance
Lightning Source LLC
Chambersburg PA
CBHW061040250726

48653CB00001B/187